PENGUIN BOOKS

THE PENGUIN FRENCH READER

LesBlane

D1040998

THE PENGUIN
FRENCH READER

Editors Simon Lee & David Ricks

Penguin Books

Penguin Books Ltd, Harmondsworth, Middlesex, England
Penguin Books Inc., 7110 Ambassador Road, Baltimore, Maryland 21207, U.S.A.
Penguin Books Australia Ltd, Ringwood, Victoria, Australia

—

First published in this collection in Penguin Books 1967
Reprinted 1968, 1969, 1970, 1972
This collection copyright © Simon Lee and David Ricks, 1967

—

Made and printed in Great Britain
by Hazell Watson & Viney Ltd,
Aylesbury, Bucks
Set in Monotype Plantin

INTRODUCTORY NOTE

THIS book has been prepared to try to remedy an evident shortage in reading matter that is up-to-date and representative of French living and writing. It is designed for people who have some knowledge of the basic structures and vocabulary of the French language, but who find their school French inadequate for dealing with the language spoken and written in France today.

The material – most of it published within the last ten years – has been drawn from a wide range of sources. Some passages recommend themselves on grounds of excellence, whilst others are less than efficient but claim inclusion because they illustrate particular types of language or areas of interest. The style of many extracts is non-literary and close to everyday speech, such language deserving attention because of the marked cleavage between literary and spoken French.

The book can serve for serious study at different levels of achievement, or merely be read for enjoyment; it can be used by individuals as well as by a group working with a teacher, where texts can be treated according to needs. Passages have been arranged in a sequence of increasing difficulty, but otherwise their order shows no significance beyond a desire to provide variety, contrast and relief. An index of subject-matter, authors and sources allows the reader to follow his taste and interests, and a glossary contains words unlikely to appear in a small but up-to-date French-English dictionary.* Notes have been kept to a minimum and questions eliminated in the belief that over-intrusion tends to stifle response and inhibit exploitation in

*The editors have used for this purpose an American paperback edition of the small Larousse French-English Dictionary.

a class. Wherever possible, explanation has been given in French, translation being resorted to only where explanation seems laborious. The notes also deal with words which, though appearing in the type of dictionary the editors have in mind, are often inadequately treated. The reader may find a French dictionary-encyclopedia, such as the *Larousse de poche*, a useful supplementary aid.

[1]

Je me souviens de toi Gilles mon frère oublié dans la terre   1
de Sicile je me souviens d'un matin d'été à Montréal je
suivais ton cercueil vide j'avais dix ans je ne savais pas
encore.

Ils disent que tu es mort pour l'honneur ils disent et   5
flattent leur bedaine flasque ils disent que tu es mort pour la
paix ils disent et sucent leur cigare long comme un fusil.

Maintenant je sais que tu es mort avec une petite bête
froide dans la gorge avec une sale peur aux tripes j'entends
toujours tes vingt ans qui plient dans les herbes crissantes de   10
juillet.

> Jacques Brault: *Mémoire* (Librairie Déom,
> Montréal, 1964)

[2]

J'ai dîné chez Céleste. J'avais déjà commencé à manger   1
lorsqu'il est entré une bizarre petite femme qui m'a demandé
si elle pouvait s'asseoir à ma table. Naturellement, elle le
pouvait. Elle avait des gestes saccadés et des yeux brillants
dans une petite figure de pomme. Elle s'est débarrassée de   5
sa jaquette, s'est assise et a consulté fiévreusement la carte.
Elle a appelé Céleste et a commandé immédiatement tous
ses plats d'une voix à la fois précise et précipitée. En attendant les hors-d'œuvre, elle a ouvert son sac, en a sorti un
petit carré de papier et un crayon, a fait d'avance l'addition,   10
puis a tiré d'un gousset, augmentée du pourboire, la somme
exacte qu'elle a placée devant elle. A ce moment, on lui a

apporté des hors-d'œuvre qu'elle a engloutis à toute vitesse. En attendant le plat suivant, elle a encore sorti de son sac un crayon bleu et un magazine qui donnait les programmes radiophoniques de la semaine. Avec beaucoup de soin, elle a coché une à une presque toutes les émissions. Comme le magazine avait une douzaine de pages, elle a continué ce travail méticuleusement pendant tout le repas. J'avais déjà fini qu'elle cochait encore avec la même application. Puis elle s'est levée, a remis sa jaquette avec les mêmes gestes précis d'automate et elle est partie. Comme je n'avais rien à faire, je suis sorti aussi et je l'ai suivie un moment. Elle s'était placée sur la bordure du trottoir et avec une vitesse et une sûreté incroyables, elle suivait son chemin sans dévier et sans se retourner. J'ai fini par la perdre de vue et par revenir sur mes pas. J'ai pensé qu'elle était bizarre, mais je l'ai oubliée assez vite.

Albert Camus: *L'Etranger* (© Gallimard, 1942)

[3]

La ville de Metz va avoir un garage souterrain de mille quatre cents places. Il sera situé au centre de la ville, sous les jardins de l'Esplanade, et coûtera, estime-t-on, un milliard d'anciens francs. Les travaux commenceront au mois de mars prochain. Dix voies permettront d'accéder à trois sous-sols comportant quatre cent cinquante et un emplacements au premier étage, quatre cent quarante et un au deuxième et quatre cent soixante-dix au troisième.

Tout sera commandé électroniquement: un distributeur de billets portant l'heure d'entrée ouvrira la barrière. Des feux verts et rouges guideront l'automobiliste jusqu'aux places disponibles.

Pour reprendre sa voiture il lui suffira de présenter son ticket à une caisse et de régler la somme due à raison de 1,50 NF à l'heure. Il recevra en échange un jeton qui, comme à l'entrée, déclenchera l'ouverture automatique d'une barrière. Une artère pour les piétons, de six mètres de large, avec tapis roulant et vitrines d'exposition réservées aux commerçants, un bowling, une consigne à bagages, une agence bancaire et bien entendu une station d'essence sont également prévus.

Le Monde, 13 décembre 1962 (© Le Monde – Opera Mundi)

18 un tapis roulant: *travellator*.

[4]

Le loup et l'agneau

Le joueur désigné comme *loup* se retire un peu à l'écart tandis que les autres se placent à la queue leu leu, en se tenant par les épaules, la taille ou le vêtement. Le premier de la file est le *berger*, le dernier l'*agneau*. Entre les deux sont les *moutons*.

Le troupeau va et vient en rythmant sur un air monotone:

Prom'nons-nous
Dans le bois
Pendant qu'le loup n'y est pas.
Si le loup
Y était
Il nous man-ge-rait!

A la fin de chaque strophe, le berger demande:

Loup, y es-tu?
Entends-tu?
Que fais-tu?

9

Et le loup, à chaque fois, fait une réponse fantaisiste ('Je
fais ma toilette!' 'Je suis dans ma chemise et mon cou dépasse!' 'Je m'aiguise les dents!' etc.) jusqu'au moment où
20 il crie: 'OUI!' Et il se précipite vers l'agneau pour s'en
emparer.

Le berger, bras écartés, s'efforce de protéger son troupeau
en scandant:

> Tu n'auras pas
25 > Mes p'tits moutons,
> Tu n'auras pas
> Mes p'tits moutons!

Pour échapper au loup – qui n'a pas le droit de toucher le
berger – la file des moutons se déplace le plus rapidement
30 possible de côté et d'autre.

L'agneau finit néanmoins toujours par être pris. Afin
d'égaliser les chances entre les joueurs, il devient donc loup
à son tour, le loup devient berger et le berger premier des
moutons.

Claude Aveline: *Le code des jeux* (Hachette,
1961)

[5]

1 Cet après-midi, j'ai poussé Arthur dans le bassin. Il est
tombé et il s'est mis à faire glou-glou avec sa bouche, mais
il criait aussi et on l'a entendu. Papa et maman sont arrivés
en courant. Maman pleurait parce qu'elle croyait qu'Arthur
5 était noyé. Il ne l'était pas. Le docteur est venu. Arthur va
très bien maintenant. Il a demandé du gâteau à la confiture
et maman lui en a donné. Pourtant, il était sept heures,
presque l'heure de se coucher quand il a réclamé ce gâteau et

maman lui en a donné quand même. Arthur était très content et très fier. Tout le monde lui posait des questions. Maman 10 lui a demandé comment il avait fait pour tomber, s'il avait glissé et Arthur a dit que oui, qu'il avait trébuché. C'est chic à lui d'avoir dit ça, mais je lui en veux quand même et je recommencerai à la première occasion.

D'ailleurs, s'il n'a pas dit que je l'avais poussé, c'est 15 peut-être tout simplement parce qu'il sait très bien que maman a horreur des rapportages. L'autre jour, quand je lui avais serré le cou avec la corde à sauter et qu'il est allé se plaindre à maman en disant: 'C'est Hélène qui m'a serré comme ça,' maman lui a donné une fessée terrible et lui a 20 dit: 'Ne fais plus jamais une chose pareille!' Et quand papa est rentré, elle lui a raconté et papa s'est mis aussi en colère. Arthur a été privé de dessert. Alors, il a compris et, cette fois, comme il n'a rien dit, on lui a donné du gâteau à la confiture: j'en ai demandé aussi à maman, trois fois, mais 25 elle a fait semblant de ne pas m'entendre. Est-ce qu'elle se doute que c'est moi qui ai poussé Arthur?

Jehanne Jean-Charles: *Les plumes du corbeau*
(Jean-Jacques Pauvert, 1962)

9 quand même: *nevertheless, despite that*. 13 je lui en veux: je suis fâchée contre lui. 17 rapportages: *tales*. 18 une corde à sauter: *skipping-rope*.

[6]

Quand vous prenez le métro sachez que ... 1
– Les trains sont composés de plusieurs voitures de 2e classe et d'une voiture ou compartiment de 1re classe.
– La voiture ou le compartiment de 1re classe se trouve placé au milieu du train. 5

– Les prix de transport sont affichés à tous les guichets de vente de billets.

– Le prix d'un billet est le même, quels que soient la longueur du parcours effectué et le nombre de lignes em-
10 pruntées, sauf sur la partie 'banlieue' de la ligne de Sceaux.

– Les billets de Métro sont valables sur la section urbaine de la ligne de Sceaux.

– Les billets sont vendus à tous les guichets des stations soit en carnets, soit à l'unité.
15 – Un carnet est composé de dix billets et chaque billet est valable pour un voyage.

– Un billet de carnet est utilisable n'importe quel jour et dans n'importe quelle station du réseau.

– Les voyageurs sont tenus de présenter individuellement
20 leur billet au contrôle d'entrée.

– Vous réaliserez une économie importante en utilisant le billet de carnet.

Dépliant de la Régie Autonome des Transports Parisiens

8 quels que soient: *whatever*. 10 Sceaux: banlieue résidentielle de l'agglomération parisienne. 14 à l'unité: un à un. 17 n'importe quel: *any*.

[7]

1 J'ai oublié de noter ce que Vallette nous a raconté il y a quelques jours au sujet de sa chatte, Minouflette, en ce moment à la maison de campagne. Rachilde a recueilli là-bas, entre autres bêtes, une tourterelle. La chatte a un bol de
5 lait à demeure dans le coin d'une pièce. La tourterelle vient de temps en temps chercher à y boire et souvent, par son poids sur le bord du bol, le renverse. C'est ce qui est encore

arrivé l'autre jour. Rachilde, voyant cela, se met à crier amicalement après la tourterelle, pour le gâchis causé. Minouflette était assise sur une chaise. Rachilde avait à 10 peine fini sa réprimande, qu'elle descendit de sa chaise, vint à la tourterelle qui était restée là à regarder le lait répandu, lui donna de très légers coups de patte, puis remonta sur sa chaise. N'est-ce pas à croire qu'elle s'est rendue compte que sa maitresse n'était pas contente et qu'en effet on ne pouvait 15 supporter plus longtemps les maladresses de la tourterelle. Elle ne serait pas remontée sur sa chaise, on ne pourrait rien supposer, ce serait un mouvement comme un autre. Etre assise, descendre, donner les coups de patte à la tourterelle, remonter aussitôt sur sa chaise: il y a vraiment là quelque 20 chose de l'intelligence ou qui y ressemble joliment.

Paul Léautaud: *Journal littéraire* (Mercure de France, 1957)

[8]

a) Un ouvrier d'usine travaille les cinq premiers jours de 1 la semaine de 8h 30 à 12h et de 14h à 18h 30. Le samedi, il n'est employé que le matin, de 8h à 12h.

1. Quelle est la durée hebdomadaire de son travail?

2. L'heure de travail est payée 2,20F mais on retient 6% 5 pour la Sécurité Sociale. Combien cet ouvrier rapporte-t-il en fin de semaine?

b) Dans un atelier, un ouvrier spécialisé est payé au mois. Durant le mois d'avril, cet ouvrier a effectué 222 heures de travail rétribuées de la façon suivante: 176 heures normales 10 à 1,80F l'heure; 35 supplémentaires ouvrant droit à une majoration sur le salaire normal de 25%; le reste des heures est payé avec 50% de majoration sur le salaire normal.

1. Combien d'heures seront payées avec cette majoration de 50% ?

2. Quel sera le salaire brut de cet ouvrier pour le mois d'avril, cet ouvrier ayant droit à une prime d'ancienneté de 90F par mois ?

3. La retenue de 6% pour la Sécurité sociale est calculée sur la partie du gain mensuel égale à 500F. Quel sera son salaire net pour le mois d'avril ?

c) Un représentant de commerce reçoit un salaire mensuel de 240F, auquel s'ajoutent 18F pour frais d'hôtel par jour de déplacement et une commission s'élevant à 2% des ventes effectuées dans le mois. Au cours du mois de mai, ce représentant a voyagé 22 jours ; les ventes se sont élevées à 17.500F.

1. A combien s'élève le salaire du mois de mai ?

d) Une mère de famille achète une machine à laver dont le prix est 1.080F. Elle peut payer soit au comptant, soit à terme. Si elle paie comptant, on lui fait une remise de 8% ; si elle paie à terme, elle doit verser 160F à la commande et 200F à la livraison. Le reste sera majoré de 6% et réparti en douze mensualités égales ; chacune des mensualités est augmentée de 0,50F pour frais.

1. Combien paierait la mère de famille en payant comptant ?

2. Quel est le montant de chaque mensualité si le paiement s'effectue à terme ?

3. Combien aura-t-on payé réellement la machine à laver en payant à terme ?

4. Quelle économie réalisera-t-on en payant comptant ?

Picard-Renucci : *Le calcul quotidien, Cours moyen* (Nathan, 1959)

11 ouvrant droit à : donnant droit à. 31 à terme : *by instalments*.

Le spectacle d'un drame de la route fait toujours réfléchir. 1
Ceux qui en ont été les témoins ne peuvent s'empêcher de
penser, même s'ils sont des conducteurs prudents, qu'eux
aussi demeurent à la merci d'un fou du volant, d'une
défaillance mécanique, ou tout simplement de la malchance. 5
On a calculé qu'en un an un automobiliste a une chance sur
deux cent cinquante d'avoir un accident. Bien entendu, il
s'agit d'un calcul purement théorique. En réalité certains
conducteurs, par leur façon de se comporter habituellement
au volant, sont des accidentés en puissance. 10

Il apparaît, en effet, si l'on considère les résultats d'en-
quêtes effectuées par les compagnies d'assurances ou par la
Prévention Routière, que la cause principale des accidents
n'est ni le mauvais état des routes ni les défaillances des
véhicules, mais bien le conducteur lui-même. 15

A l'origine d'environ soixante-quinze pour cent des
accidents on trouve une faute de conduite. Mauvaise ap-
préciation des distances, réflexe tardif, coup de volant trop
brusque, vitesse excessive, nervosité, imprudence, sont les
mots qui reviennent le plus souvent dans les rapports de 20
gendarmerie. Mais parmi les causes de ces défaillances il en
est une qui les recouvre toutes et qui frappe par sa fré-
quence: l'alcool.

Un accident sur trois se produit par la faute de l'alcool.
Sur les dix mille morts que provoquent chaque année les 25
routes de France, plus de trois mille ont pour cause un excès
de boisson. C'est une proportion trop importante pour
laisser indifférent, mais c'est surtout un bien lourd tribut
payé à une mauvaise habitude.

France Soir, 25 juillet 1963

10 en puissance: potentiel. 13 la Prévention Routière: *road safety
council*. 22 qui les recouvre toutes: *which exceeds any other*.

1 Bien que les froids persistants aient cette année décalé
sérieusement le calendrier des travaux, le mois de mars
devrait marquer le début de la remise en état des jardins.
Mais il est évidemment indispensable d'attendre d'abord
5 que la neige ait disparu et ensuite que le sol, gelé en profondeur, se réchauffe suffisamment: les graines que vous lui
confierez alors lèveront mieux et vous ne risquerez pas de
voir vos semis détruits par les giboulées ou les gelées tardives.

Si vous avez un jardin potager, commencez les travaux
10 d'ameublissement du sol. Vous pouvez également semer –
mais sur couches tièdes – des aubergines, des concombres,
des courges, des melons, des navets et des tomates. En pleine
terre vous pouvez semer des carottes, des asperges, des
épinards, des laitues, des oignons, des poireaux, des petits
15 pois hâtifs, des fraisiers ...

Dans votre jardin d'agrément le moment est venu de
terminer la plantation des arbustes à feuilles persistantes.
A la fin du mois taillez aussi les arbres qui fleurissent l'été,
mais ne touchez surtout pas aux lilas et aux autres arbres à
20 floraison printanière.

Ce sera également le moment, dès que la terre dégelée le
permettra, de 'rempoter' les plantes d'appartement qui en
auraient besoin, et de mettre en terre les bulbes de vos
glaïeuls.

Le Monde, 28 février 1963 (© Le Monde –
Opera Mundi)

3 remise en état: *putting in order*. 10 ameublissement: action de
rendre la terre plus meuble (*loose*). 22 rempoter: changer de pot.

[11]

Certitude

Si je te parle c'est pour mieux t'entendre   1
Si je t'entends je suis sûr de comprendre

Si tu souris c'est pour mieux m'envahir
Si tu souris je vois le monde entier

Si je t'étreins c'est pour me continuer   5
Si nous vivons tout sera à plaisir

Si je te quitte nous nous souviendrons
Et nous quittant nous nous retrouverons

Paul Eluard – collection Poètes d'aujourd'hui,
no 1 (Seghers, 1964)

[12]

LE MONSIEUR: Aujourd'hui, voyez-vous, Madame, les   1
plaisirs, les distractions, les émotions fortes, le cinéma, les
impôts, les discothèques, le téléphone, la radio, l'avion,
les grands magasins . . .

LA DAME: Ah, oui, c'est le cas de le dire!   5

LE MONSIEUR: . . . Les prisons, les grands boulevards, la
Sécurité Sociale, et tout, tout . . .

LA DAME: D'accord . . .

LE MONSIEUR: Tout ce qui fait le charme de la vie moderne,
tout cela a changé l'humanité à tel point qu'elle en est   10
devenue méconnaissable! . . .

17

LA DAME: Ce n'est pas à son avantage, c'est le cas de le dire.

LE MONSIEUR: Pourtant, il serait vain de nier le progrès que l'on voit progresser tous les jours . . .

15 LA DAME: D'accord . . .

LE MONSIEUR: . . . Dans la technique, la science appliquée, la mécanique, les lettres et les arts . . .

LA DAME: Certainement. Il faut être juste. C'est pas beau d'être injuste.

20 LE MONSIEUR: On pourrait même aller jusqu'à dire que la civilisation évolue sans arrêt, en un sens favorable, grâce à l'effort commun de toutes les nations . . .

LA DAME: C'est exact. J'étais pour vous le dire.

LE MONSIEUR: Que de chemin parcouru depuis nos
25 ancêtres qui vivaient dans les cavernes, se dévoraient entre eux et se nourrissaient de peaux de moutons! Que de chemin parcouru!

LA DAME: Ah! oui alors! . . . Et le chauffage central, Monsieur, que dites-vous du chauffage central? Est-ce
30 que ça existait dans les cavernes?

LE MONSIEUR: Tenez, chère Madame, quand j'étais petit enfant . . .

LA DAME: C'est mignon, à cet âge-là!

LE MONSIEUR: . . . Je vivais à la campagne; je me rappelle,
35 on se chauffait encore au soleil, hiver comme été; on s'éclairait au pétrole – c'est vrai qu'il coûtait moins cher à cette époque – et parfois même à la chandelle! . . .

LA DAME: Aujourd'hui encore, ça arrive, quand il y a des pannes de courant.

Eugène Ionesco: *La jeune fille à marier*
(© Gallimard, 1958)

Le signal donné, les moissonneurs prenaient la route, et je 1
me mêlais à eux, je marchais comme au rythme du tam-tam.
Les jeunes lançaient leurs faucilles en l'air et les rattrapaient
au vol, poussaient des cris, criaient à vrai dire pour le plaisir
de crier, esquissaient des pas de danse à la suite des joueurs 5
de tam-tam. Et, certes, j'eusse sagement fait à ce moment de
suivre les recommandations de ma grand'mère qui défendait
de me trop mêler aux jongleurs, mais il y avait dans ces
jongleries, dans ces faucilles tournoyantes que le soleil
levant frappait d'éclairs subits, tant d'alacrité, et dans l'air 10
tant d'allégresse, tant d'allant aussi dans le tam-tam, que je
n'aurais pu me tenir à l'écart.

Et puis la saison où nous étions ne permettait pas de se
tenir à l'écart. En décembre, tout est en fleur et tout sent
bon; tout est jeune; le printemps semble s'unir à l'été, et la 15
campagne, longtemps gorgée d'eau, longtemps accablée de
nuées maussades, partout prend sa revanche, éclate; jamais
le ciel n'est plus clair, plus resplendissant; les oiseaux
chantent, ils sont ivres; la joie est partout, partout elle
explose et dans chaque cœur retentit. C'était cette saison-là, 20
la belle saison, qui me dilatait la poitrine, et le tam-tam aussi,
je l'avoue, et l'air de fête de notre marche; c'était la belle
saison et tout ce qu'elle contient – et qu'elle ne contient pas,
qu'elle répand à profusion! – qui me faisait danser de joie.

Camara Laye: *L'enfant noir* (Plon, 1953)

6 j'eusse (forme littéraire): j'aurais.

[14]

1 Le jeudi, comme nous n'allions pas en classe, la femme de
ménage emmenait chez nous sa fille Mathilde dont elle ne
savait que faire.

    — Soyez gentils avec cette petite, nous disaient nos parents,
5 elle est très malheureuse.

    Elle nous semblait surtout très dégourdie.

    — Salut! nous criait-elle en arrivant. Puis elle enlevait son
chapeau d'un geste brusque et le balançait à travers la pièce.
Elle pestait contre sa barrette qui à chaque fois lui pinçait
10 les cheveux. Après quoi, rituellement, elle roulait ses
chaussettes et les descendait en boule sur ses chevilles.

    — J'en profite, avouait-elle. Chez vous, maman n'ose rien
me dire.

    Elle déambulait à travers la chambre, dégingandée et très
15 à l'aise, touchant à tout. Elle nous lançait des défis: défi de
sauter sur le clavier du piano, défi de mettre les doigts dans
la prise du courant, défi de verser l'encrier dans l'aquarium.
Nous ne tardâmes pas à devenir très amis.

Maurice Pons: *Virginales* (Julliard, 1956)

2 dont elle ne savait que faire: *not knowing what to do with her.*
7 salut!: salutation familière. 8 balançait: lançait.

[15]

1 L'indice de la production industrielle britannique a légèrement progressé en juin, mais n'excède encore que de 2,6%
son niveau de juin 1962.

Cette modeste expansion est due à l'industrie automobile, qui connaît depuis le début de l'année un 'boom' analogue à celui de 59–60. Ont également progressé l'industrie des textiles artificiels et synthétiques, ainsi que celle de biens de consommation durables (radio, télévision, appareillage électro-ménager), dont les ventes ont été stimulées par les réductions de la taxe à l'achat. Dans l'ensemble les carnets de commandes sont en amélioration, et la production tend à augmenter, surtout depuis le milieu du second trimestre. Quelques secteurs cependant ne sont pas encore parvenus à sortir de la stagnation : la construction navale et l'industrie de machines-outils, qui sont en plein marasme par suite de la baisse des investissements. La reprise de ces derniers, prévue pour 1964, devrait cependant mettre fin à la crise dans les premiers mois de l'année prochaine.

Pour l'instant, le chômage augmente. Le nombre de travailleurs sans emploi a progressé de plus de cinquante mille en un mois (15 juillet–15 août). Il dépasse maintenant cinq cent un mille personnes, soit 2,2% de la population active (contre quatre cent quarante-neuf mille deux cents un mois plus tôt).

Depuis la fin de février – époque à laquelle le chômage avait atteint son niveau le plus élevé d'après-guerre (huit cent soixante-dix-huit mille quatre cents), le nombre des sans-emploi avait diminué régulièrement. Le renversement de la tendance s'explique par l'arrivée sur le marché du travail de nombreux jeunes ayant terminé leurs études. L'augmentation du chômage en août est d'ailleurs du même ordre que celle qui est enregistrée chaque année à pareille époque.

Néanmoins, le niveau élevé du sous-emploi est jugé inquiétant. Le chômage n'affectait que 2,1% de la population active il y a un an, malgré la stagnation industrielle de 1962 ; il ne dépassait pas 1,4% de cette population en août 1961. On ne s'attend guère à une régression sensible du chômage

durant le second semestre, période durant laquelle le nombre
des chômeurs croît généralement en Grande-Bretagne. En
40 outre, la reprise de l'expansion industrielle, attendue pour la
fin de l'année, n'aura guère d'effet sur l'emploi, car la plupart
des entreprises peuvent augmenter leur production sans
embaucher de main-d'œuvre.

Le Monde, 24 août 1963 (© Le Monde –
Opera Mundi)

22 soit: c'est-à-dire.

[16]

1 A une heure, au snack, je le vis, plongé dans son journal.
Mais quoi; il ignorait que j'allais venir. Il n'était donc pas
là pour moi. Je commandai deux sandwiches. L'homme
lisait l'*Information Financière*. Il avait changé de costume et
5 portait un tweed verdâtre, déformé mais d'excellente coupe.
Je m'attardai. Il n'y avait pas beaucoup de clients et rien ne
me pressait. Si l'homme avait rendez-vous, je voulais savoir
avec qui. Un peu avant deux heures, il plia soigneusement
son journal, compta de la monnaie qu'il déposa sur le
10 guéridon et se leva. Je me penchai vers le garçon.

– Cet homme, qui s'en va, vous le connaissez? Il vient
souvent?

– Vous me faites marcher? ou quoi?

– Mais, je vous assure . . .

15 – Il ne vous a jamais parlé?

– Jamais.

– Ça, c'est curieux.

Il regarda l'homme qui s'engageait, au feu vert, sur la
chaussée.

– Il n'y a pas plus d'un mois, c'est lui qui m'a demandé si je vous connaissais. Moi, je lui ai dit que vous jouiez au Jumbo, je pense qu'il n'y a pas de mal. Pour le reste ...

– Le reste ?

– Oui, il m'a posé d'autres questions: si vous aviez des amis, si vous rencontriez des femmes ... Sur le moment, j'ai même cru qu'il était de la police, mais comme il m'a donné cinq cents francs ...

– Vous l'avez revu souvent ?

– Non. Je l'avais oublié et puis il est revenu avant-hier ... C'est sans doute quelqu'un qui veut vous proposer une affaire.

Boileau-Narcejac: *Maldonne* (© Denoël, 1962)

1 snack: *snack-bar*. 2 mais quoi: exclamation d'objection et de surprise. 13 vous me faites marcher ?: *are you trying to fool me ?* 18 au feu vert: *as the light came green*.

[17]

Si la terre peut, dans une certaine mesure, donner plus à l'homme, c'est de l'homme lui-même que doit venir une tentative de solution au problème de la faim. L'obstacle capital reste, en effet, l'extraordinaire développement de la race humaine.

Au début du dix-huitième siècle, la planète nourrissait cinq cent millions d'habitants environ. Nous sommes aujourd'hui deux milliards et demi de terriens et nous serons plus de six milliards en l'an 2000. Chaque matin, il y a quatre-vingt-dix mille habitants de plus sur la terre. Les spécialistes de l'O.N.U. ont pris conscience de ce danger: 'Jamais au cours de l'histoire de l'humanité, l'espèce humaine ne s'est multipliée aussi rapidement qu'au cours

du siècle que nous traversons et l'on conçoit difficilement
15 que le peuplement de la terre puisse, au siècle prochain, se
poursuivre à la même cadence. L'époque actuelle est unique,
en ce sens que la prédominance de l'homme sur la terre n'a
jamais été aussi marquée. Si le rythme actuel continuait, on
a calculé que dans six cents ans, il y aurait sur terre un
20 habitant par mètre carré.'

Le problème n'est donc pas d'imaginer des ressources
nouvelles capables de nourrir cinq milliards d'hommes,
mais de reconnaître qu'il y a une limite au peuplement de la
planète : de 1947 à 1953, il est très remarquable que la pro-
25 duction des denrées alimentaires dans le monde se soit
accrue de huit pour cent, mais pendant la même période, il y
avait onze pour cent d'humains en plus : l'homme 1953 était
donc plus que celui de 1947 menacé par la faim.

Edouard Bonnefous : *La terre et la faim des
hommes* (Arthème Fayard, 1960)

8 terriens : habitants de la terre. 11 l'O.N.U. : l'Organisation des
Nations Unies ; ont pris conscience de : *have become aware of*.

[18]

1 La littérature française contemporaine est abondante. De tous
les pays du monde, la France est probablement celui qui,
chaque année, publie le plus grand nombre de textes nouveaux. Cette abondance n'exclut pas la qualité : le recul des
5 temps y fera certainement apparaître cinq ou six très grands
noms dignes de figurer en toute première place dans la
littérature universelle. Certains ont déjà été consacrés par de
grandes distinctions internationales ; d'autres par leur influence hors des frontières de leur pays. Ainsi, après dix
10 siècles de production littéraire ininterrompue, la littérature

française de notre temps ne le cède en rien aux périodes les plus éclatantes.

Elle est riche, mais elle est confuse. Depuis la fin du dix-neuvième siècle, les grandes écoles littéraires se sont éteintes ou disloquées. La 'République des Lettres', si bien 15 organisée aux époques classiques, – ou du moins on nous l'a fait croire – fait place à l'anarchie littéraire. On aura beaucoup de peine à classer les écrivains, grands ou petits, non seulement dans une école déterminée, mais même dans un genre déterminé. Toutes les manières se mêlent; toutes les 20 définitions traditionnelles demandent à être révisées. L'intelligence française ne se replie pas dans l'imitation des grands siècles passés; cette perpétuelle remise en question de toutes les valeurs nous paraît un des signes de sa vitalité.

> Marcel Girard: *Guide illustré de la littérature française moderne de 1918 à nos jours* (Seghers, 1949)

23 remise en question: *questioning*.

[19]

J'ai vu hier mon premier requin depuis les Canaries. Il est 1 vite passé. Quant aux daurades, elles me sont déjà devenues familières; j'en reparlerai fréquemment, car elles sont la seule présence amicale autour de moi. Dans la nuit, lorsque je me réveille, je suis frappé par la beauté de ces animaux 5 qui tracent des sillages parallèles au mien que la phosphorescence de la mer transforme en traînées lumineuses.

Pris par je ne sais quelle curiosité, je veux voir quel effet produira sur ces animaux le faisceau d'une lampe électrique que je projetterai sur eux. J'allume ma torche et la surface 10 de la mer s'illumine; immédiatement, les poissons se concentrent autour du jet lumineux. Je suis encore plongé dans

le ravissement de ces évolutions que je dirige comme je le
veux, lorsque brutalement, un choc me force à m'appuyer
15 sur le rebord du bateau. C'est un requin, un grand requin
dont la partie supérieure de la queue est beaucoup plus
grande que la partie inférieure. Il s'est retourné sur le dos
pour venir vers moi. Toutes ses dents luisent sous la lumière
électrique ; son ventre est blanc. A coups de museau répétés
20 il vient maintenant heurter le canot. A-t-il voulu mordre à
ce moment-là ? je ne sais. On m'a toujours dit que les
requins se retournaient pour prendre une proie. Ce que je
puis affirmer c'est que ma peur fut grande ; je n'étais pas
encore habitué à ces façons brutales. Le seul requin que
25 j'avais vu jusqu'alors, entre Casablanca et les Canaries,
m'avait suivi à distance respectueuse, mais celui-ci est sans
doute né trop loin de toute côte pour se montrer aussi civilisé.
Ayant éteint ma lumière, j'espère qu'il va s'éloigner. Pendant
un long moment, les battements de sa queue claquent autour
30 de moi comme des coups de fouet et m'aspergent régulièrement de la tête aux pieds. Son ventre apparaît de temps en
temps, tache blanche au milieu d'un feu d'artifice de phosphorescence. Enfin, lassé sans doute de ma passivité, il
s'éloigne.

Alain Bombard : *Naufragé Volontaire* (Editions
de Paris, 1953)

[20]

1 Un jeune garçon de treize ans, Maurice X—, émoustillé par
quelques coupes de champagne, a fait une folle randonnée
au volant de la 4 CV paternelle. Il traversa le pont d'Arcole
en quatrième position et accéléra en direction de l'Hôtel-de-
5 Ville lorsqu'un gardien de la paix lui ordonna de se ranger.

Pourchassé par deux agents motocyclistes, Maurice brûla un feu rouge devant la rue du Renard, gagna la rue de Rivoli en trombe, sifflé par un agent, et accrocha plusieurs voitures au passage. Il traversa ensuite le pont Neuf, suivit le quai des Orfèvres, rejoignit le boulevard Saint-Germain 10 par la rue Danton dans le sens interdit, télescopa une Dauphine au carrefour Buci, bossela un phare, une aile et la portière d'un autobus de la ligne 75, qui de ce fait fut immobilisé pendant quarante minutes.

Quand il fut enfin arrêté, il avait au total endommagé une 15 quinzaine de véhicules dans les premier, quatrième, cinquième et sixième arrondissements. Ses parents paieront la facture.

Le Monde, 9 janvier 1963 (© Le Monde – Opera Mundi)

3 la 4 CV : la 'quatre chevaux' – voiture de la Régie Renault dont la fabrication a cessé en 1960 ; CV = cheval-vapeur (*horsepower*). 4 en quatrième position : dépassant trois autres véhicules roulant de front. 6 brûla un feu rouge : *jumped the lights*. 7 gagna la rue de Rivoli en trombe : *charged into the rue de Rivoli*.

[21]

Pourquoi tant de Français continuent-ils à voter com- 1 muniste ? D'abord, probablement, parce que le parti leur paraît l'instrument le plus efficace dans la lutte contre le patronat, pour la défense des intérêts des travailleurs. De façon directe, par son action et celle de la C.G.T. – sa 5 filiale – dans les combats pour les salaires, la sécurité et les avantages sociaux. De façon indirecte aussi, par la peur qu'il inspire aux chefs d'entreprises et aux pouvoirs publics. Le pourcentage des voix communistes aux élections a fini par devenir une cote d'alerte : s'il s'élève, patrons et gouverne- 10 ment sentent qu'il faut 'faire quelque chose' pour les ouvriers, lesquels ont fort bien compris cette situation.

D'autre part, l'admirable dévouement des militants et des
cadres n'a pas d'équivalent dans les autres partis, lesquels
15 ressemblent plus à des comités de politiciens professionnels
qu'à des organisations de masse: cela aussi maintient
l'attachement au P.C. Enfin, l'intégration morale de la classe
ouvrière dans la nation est probablement en retard sur son
intégration matérielle. Les terribles luttes du XIXe siècle,
20 les massacres de Juin 48 et de la Commune ont donné au
prolétariat français un sentiment d'isolement tragique, qui
n'a pas encore entièrement disparu. Voter communiste, c'est
presque une question d'honneur, de dignité: abandonner le
parti serait commettre une sorte de trahison.

Maurice Duverger: *De la dictature* (Julliard,
1961)

5 C.G.T.: Confédération générale du travail – le principal groupement syndical en France. 8 chefs d'entreprises: *industrialists*.
10 cote d'alerte: *warning signal*. 17 P.C.: parti communiste. 20 Juin
48: soulèvement populaire à Paris en juin 1848, réprimé par
la force militaire; la Commune: gouvernement révolutionnaire
établi à Paris en 1871 et renversé deux mois plus tard par des
troupes régulières.

[22]

1   Le front vers les étoiles
      Tu chanteras

      Et non pour t'enchanter
      Mais pour qu'un feu s'allume
5   Au haut du col

      Quelqu'un
      La torche haute
      Dévisage la mer

La route du retour
Parmi les myrtes 10

Ton chien Silence
Près de toi

Pierre Emmanuel – collection Poètes
d'aujourd'hui, no 67 (Seghers, 1959)

[23]

Pierrot aspira une bolée d'air. Il était encore tout ému. 1
Décidément, c'était le grand béguin, la belle histoire, la
vraie amour. Il allume une nouvelle cigarette au mégot de
la précédente qu'il avait posé près de lui, et reconsidère la
chose avec le plus grand sérieux. Qu'il fût salement pincé, 5
il n'en pouvait douter. Il ne lui fallait donc plus penser qu'à
la réalisation, et en premier lieu à une nouvelle rencontre.
Il se mit à ruminer tout cela comme une herbe tendre, sans
parvenir cependant à se déterminer un plan d'action positif
et pratique. Vers la fin de l'après-midi, il se leva tout en- 10
gourdi, s'étira. Il n'avait formé aucun projet digne d'être
retenu, sinon de retourner le lendemain vers les onze heures
rue des Larmes, mais il était content de se savoir amoureux,
et il retourna vers Paris en sifflotant vaguement un air qu'il
ne connaissait pas et dans lequel, plus musicien, il aurait pu 15
reconnaître celui que déversait le piqueupe du manège des
autos électriques lorsqu'il y trimbalait loin des chocs la belle
poule qu'il venait de lever, et dont il était maintenant si
épris.

Raymond Queneau: *Pierrot mon ami*
(© Gallimard, 1943)

2 béguin (*familiar*): passion amoureuse. 5 salement pincé (*familiar*):
fortement épris. 16 piqueupe: *pick-up*.

1 Ecoutez les Français à l'étranger. Le café, même italien,
même viennois, ne vaut jamais le café au lait qu'ils avalent
très vite le matin sur le zinc avec un croissant. Fiers de leur
cuisine, qu'ils classent avec la chinoise au premier rang de la
5 gastronomie mondiale, ce qui leur manque c'est le bifteck
pommes frites. Servez-leur le gigot à la menthe de Bucking-
ham Palace, l'escalope à la milanaise des auberges italiennes
ou même la paella de la Costa Brava, ils regretteront l'épaule
de mouton roulée que leur mère fait encore mieux que leur
10 femme, ou le pâté de lièvre des semaines de chasse.

Critiquez leur gouvernement, soyez irrévérencieux pour
leurs grands hommes, oubliez la place qu'ils tiennent dans
l'Histoire ou dans les Beaux-Arts, mais surtout ne commettez
pas l'erreur de manifester la moindre réticence quand le
15 maître de maison – qu'il soit avocat renommé, architecte
audacieux, receveur d'autobus ou berger landais – vous dit:
'Goûtez-moi un peu ce petit vin que je fais venir de chez
un cousin vigneron,' et ne manquez pas surtout de savourer
avec respect la daurade grillée sur feu de bois ou le bœuf
20 miroton longuement mitonné.

Micheline Sandrel dans *La France d'aujourd'hui*
(Hatier, 1964)

9 roulée: *boned and rolled*. 16 landais: des Landes, région du sud-
ouest. 20 miroton: dans un ragoût assaisonné aux oignons.

... La France continue d'être importatrice de main d'œuvre. 1
Italiens, Espagnols, Portugais, Algériens et Marocains, et
originaires d'Afrique Noire fournissent les principaux con-
tingents d'un afflux régulier. Cette main-d'œuvre immigrée,
presque toujours cantonnée dans les travaux pénibles dont 5
les Français s'écartent de plus en plus, est trop souvent par-
quée dans des campements de fortune ou entassée dans des
quartiers vétustes. Un racisme discret isole de nous ces
artisans de notre confort et les constitue en un 'sous-
prolétariat', lourd de rancœurs. Le mouvement syndical 10
demeure sans grande prise sur ces travailleurs, aux besoins
desquels il lui faut s'adapter. Quant aux pouvoirs publics,
ils ont encore trop souvent tendance à ne poser le problème
des immigrés qu'en termes d'ordre public et de police.

Ces lacunes, déjà graves d'un simple point de vue humain, 15
risquent en outre de prendre, au cours des prochaines
années, une plus grande portée. Toute l'Europe indus-
trialisée éprouve une 'grande faim de main-d'œuvre'.
L'Allemagne 'a épuisé son stock de réfugiés'; l'Italie a vu
fondre ses réserves de paysans semi-chômeurs. La main- 20
d'œuvre disponible, dans tout le pourtour de la Méditerranée, est sollicitée. Si l'essor se maintient, il est probable
que cette concurrence entre pays européens contribuera à
relever rapidement le standard de vie des immigrés. Notre
intérêt le plus direct rejoint ainsi l'esprit de justice: il est 25
souhaitable de fixer et d'assimiler les immigrés.

Jacques Guyard: *Le miracle français* (Editions
du Seuil, 1965)

7 campements de fortune: *makeshift settlements*. 12 pouvoirs publics: *authorities*. 16 risquent ... de: *are likely to* ....

1   Ce n'est pas un conte de fées, c'est une histoire de fous que
je raconte. Un fait divers banal, extraordinaire aussi. Et
minable! L'histoire se passe en Vendée. Exactement: la
Tardière. En plein dans le Bocage, à mi-chemin entre
5   Bressuire et Fontenay-le-Comte, un peu à l'écart de la
grande-route, mais juste à côté de la grosse bourgade de La
Châtaigneraie, sur le haut d'un petit vallonnement, la
Tardière est un village vendéen classique. Quelques maisons
groupées de manière anarchique autour de la grosse église.
10 Plusieurs fermes éparpillées dans la campagne, dans les
hameaux minuscules, alentour. Un millier de personnes,
peut-être, au total.
    C'est là qu'Abel Fauconnier est charron. Un jour, il prit
femme et, tandis qu'Abel faisait le charron, sa femme tenait
15 le petit bistrot voisin. Le bistrot s'appelait: 'Chez Bébel, on
boit bien!' Les choses allaient simplement, très simplement.
Au fil des ans, Bébel et sa femme eurent quatre enfants.
C'était la vie. On peut croire qu'ils étaient heureux.
    L'histoire commence là. D'entrée, il va être question de
20 vaches et de cochons. Car, en Vendée, tout commence et
tout finit par des cochons et par des vaches. C'est le pays des
vaches sacrées. Le pays où le bétail sert d'étalon-or. Le
bétail, c'est l'argent, c'est le prestige social, c'est la vie
épaisse, confortable et drue.
25 A la Tardière, un exploitant agricole, M. Belliard, perdit
une douzaine de cochons et plusieurs vaches en quelques
semaines. Catastrophe. Il peut y avoir des explications très
simples: une maladie quelconque, un virus, une étable mal-
saine peut-être . . . Mais M. Belliard a une autre idée en
30 tête: on lui a jeté un sort, son étable est ensorcelée! Donc il
va tout faire pour débusquer le sorcier et le désigner à la

vindicte publique. Dans son esprit, la chose est facile. Du côté de Parthenay, à quelques dizaines de kilomètres d'ici, il y a une guérisseuse-radiesthésiste réputée: Mme Marthe Massé. Il lui demande de venir. Elle vient. Il y a deux mois de ça environ. Elle sort son pendule. Elle le promène au-dessus du plan cadastral de la commune. Elle ausculte le pays, maison par maison. Chaque fois, elle prononce le nom des propriétaires. Mais le pendule reste immobile. Et voici que le pendule s'agite soudain: c'est la maison d'Abel Fauconnier, le charron. C'est lui le responsable. Si ce n'est lui, c'est son épouse. Ou bien tous les deux à la fois.

La nouvelle se colporte dans le village, de bouche à oreille: Abel Fauconnier est sorcier, c'est le sorcier de la Tardière, c'est peut-être même le chef des sorciers de la région. On se le chuchote. On se raconte des choses et des choses. On s'explique tout, enfin!

Par exemple, l'histoire du corbillard. Ce jour-là, à la Tardière, on enterre une grand'mère. On charge le cercueil dans le corbillard. C'est une vieille bagnole, une fourgonnette bien usée. La commune est petite, il n'y a pas tant que ça de morts, on ne peut se payer un corbillard neuf. Le cercueil chargé, le cantonnier se met au volant. Il tire le starter à fond, il fait ronfler le moteur. Il n'a pas conduit depuis vingt ans. Mais la route n'est pas longue. Une centaine de mètres jusqu'au cimetière. On démarre, on roule un peu. Puis le corbillard tombe en panne, juste devant la maison d'Abel Fauconnier. (C'est du reste la seule maison sur le parcours.) Le cantonnier ouvre le capot. Abel Fauconnier vient lui-même donner un coup de main et on fourrage dans le moteur. En vain. Le carburateur est sans doute noyé. Alors les hommes du cortège poussent le corbillard. On passe devant le terrain de basket, puis c'est le cimetière. On enterre la grand'mère. On fait des prières. On sort du cimetière. Et à ce moment-là, comme par enchantement, le corbillard démarre.

Aujourd'hui, tandis que le double-bang des avions super-soniques venus de Cognac et de Tours secoue chaque jour le ciel vendéen, les gens de la Tardière racontent que c'est 70 la grand'mère morte qui a fait stopper le corbillard ce jour-là, juste devant la maison d'Abel Fauconnier, pour signaler qu'Abel était le sorcier du village.

Une autre fois, un paysan acheta une machine à traire les vaches. Peu après, Abel lui demanda si la machine marchait 75 bien. Et la machine à traire les vaches tomba en panne. Une autre fois encore, plusieurs fois sans doute, Abel demanda à ses clients si le bétail allait bien. Et les bêtes tombaient malades. Elles mouraient. Aujourd'hui, on sait pourquoi: Abel est sorcier.

80 Est-ce si extraordinaire? Non. Pas en Vendée. Il y a sûrement d'autres régions, le Berry et la Creuse par exemple, mais les départements de la Vendée et des Deux-Sèvres sont un pays de cocagne pour toutes les formes de 'sorcellerie', ou de 'pratiques magiques', qu'on appelle ça comme on 85 voudra. Sorciers, contre-sorciers, guérisseurs et guérisseuses, empiristes, radiesthésistes, jeteurs et jeteuses de sort, en-voûteurs et envoûteuses, dormeuses, et n'importe quoi d'autre, ici, à travers les vallonnements du Bocage, ils font tous recette. Pays bouché, pays fermé, empêtré dans ses 90 traditions et ses croyances comme dans ses haies et ses brumes matinales, enlisé dans ces marais flous qui ne séparent pas véritablement, qui mêlent en fait, l'ordre plus rigoureux du rituel religieux et le fouillis abracadabrant du rituel magique. On vous le confie parfois: le diable se vend 95 bien. Et, à l'heure apéritive, c'est-à-dire toute la journée, si vous buvez quelques canons avec ces gaillards en blouse noire qui font commerce du bétail, si vous écoutez causer les anciens, ou les jeunes qui rigolent de tout ça (en cachette), si vous allez feuilleter les collections du *Courrier de l'Ouest* 100 ou de *La Nouvelle République*, vous êtes sûr de récolter en un rien de temps des morceaux d'anthologie.

Un jour, un journaliste assiste à une séance de pendule, dans une ferme. Il s'agit de découvrir, une fois de plus, celui qui a le mauvais œil et qui fait mourir les bêtes. Le pendule, une fois de plus, désigne le voisin. Alors le fils de la maison 105 se lève. Il décroche son fusil de chasse. Et il sort pour aller abattre le voisin. Il a fallu que le journaliste le ceinture pour éviter le massacre.

Il y a quelque temps, dans les environs de Bressuire, un homme est revenu de Paris pour s'installer dans son pays. 110 Elevage. De nombreuses bêtes sont mortes. On pense que c'est 'parce qu'il a trop poussé la sélection'. Mais ici, dans ce pays où l'on va voir plus vite le guérisseur que le vétérinaire, ici où l'on met des médailles de la Vierge au cou des vaches et des cochons, l'éleveur pensa tout simplement qu'on 115 lui avait jeté un sort. Aujourd'hui, il se promène sur ses terres une carabine à la main. Aucun étranger ne peut approcher.

Yvon le Vaillant dans *Le Nouvel Observateur*, 30 mars 1966

3 Vendée: province et département de l'ouest de la France. 4 Bocage: paysage boisé de champs enclos, typique de l'Ouest. 15 Bébel: diminutif d'Abel. 17 au fil des ans: au cours des ans. 19 d'entrée: dès le début. 25 exploitant agricole: cultivateur. 34 radiesthésiste: quelqu'un qui prétend percevoir des radiations émises par différents corps en y promenant un pendule. 37 plan cadastral de la commune: *map showing the boundaries of property in the parish land registry.* 46 on: les gens. 54 à fond: au maximum. 83 pays de cocagne: pays d'abondance, *cockaigne.* 86 empiristes: charlatans. 87 dormeuses: *clairvoyants.* 88 ils font tous recette: *they all do well.* 89 empêtré: embrouillé. 95 l'heure apéritive: l'heure de l'apéritif. 96 canons: verres. 99 *Courrier de l'Ouest, La Nouvelle République:* journaux de la région.

1 Depuis la plus haute antiquité, depuis que le premier
plongeur nu osa arracher une touffe d'algues ou une anémone
de mer à quelques mètres sous la surface, l'homme a été
tenté de pénétrer de plus en plus profondément au sein des
5 eaux. Pour réaliser ce rêve, il a imaginé des dispositifs de
plus en plus compliqués, mais la surface de la mer consti-
tuait toujours pour lui la zone de sécurité et sa constante
préoccupation était de rester relié à cette surface où il savait
pouvoir retrouver l'air respirable. Quoi d'étonnant alors si le
10 plongeur demeurait toujours relié à un câble?

Plus tard commença l'ère des progrès techniques. Les
plongeurs emportèrent avec eux 'leur' air qu'ils respiraient
soit à la pression atmosphérique, soit à la pression extérieure,
mais ils continuaient toujours à être reliés à la surface. La
15 révolution dans le domaine de la plongée consista justement
à supprimer le câble et à rendre à l'homme sous-marin, qu'il
soit plongeur ou enfermé dans le bathyscaphe, toute sa
liberté. Une ère nouvelle s'ouvrait pour la découverte sous-
marine parce que l'homme avait su se vaincre et comprendre
20 qu'il était assez grand pour pouvoir se passer d'une laisse.
Contrairement à ce que l'on pourrait supposer, la suppres-
sion de la liaison avec la surface, au lieu d'inquiéter le
plongeur, lui donna au contraire un sentiment de sécurité
mêlé à la fierté d'être semblable aux poissons.

V. Romanovsky: *La conquête des fonds marins*
(Editions du Seuil, collection Rayon de la
science, 1959)

[28]

Monsieur,   1

Dans quelques mois le gaz naturel va remplacer le gaz de ville qui, actuellement encore, alimente vos appareils. Cette énergie nouvelle va desservir votre foyer pour vous assurer un meilleur confort.   5

Avant de mettre à votre disposition cette fourniture, nous aurons à effectuer sur les appareils que vous utilisez un certain nombre de réglages ou même de transformations.

Vous recevrez donc, dans les prochains jours, la visite   10 d'un agent du Gaz de France qui fera le recensement des appareils à modifier.

Tous les travaux rendus nécessaires par l'adaptation au nouveau combustible sont à notre charge et nous ferons notre possible pour que satisfaction vous soit donnée en 15 temps opportun.

Toutefois, si vous en manifestiez le désir, il vous sera possible, à l'occasion de cette opération, de bénéficier des avantages substantiels qui sont offerts aux usagers désireux de remplacer tout ou partie de leur matériel 20 d'utilisation. Dans ce cas, des conditions exceptionnelles de reprise de vos anciens appareils, assorties de facilités de crédit intéressantes, vous permettront de tirer le meilleur parti du nouveau combustible mis à votre disposition.   25

Nous vous suggérons de réfléchir à ces propositions et sommes à votre entière disposition pour vous donner tous les renseignements dont vous pourriez avoir besoin. Notre agent qui vous rendra visite est également à votre disposition et nous vous remercions à l'avance de l'accueil que vous 30 voudrez bien lui réserver.

Avec nos remerciements, nous vous prions de croire à l'assurance de nos sentiments les meilleurs.

Le Chef du Service des Relations Commerciales,
Gaz de France, 1962

2 le gaz naturel: un gisement important de gaz naturel a été récemment mis en exploitation à Lacq, dans le Sud-Ouest de la France; gaz de ville: *coal gas*. 11 Gaz de France: Société nationale, créée en 1946. 17 'en' se rapporte à 'de bénéficier des avantages substantiels'. 22 reprise: *part-exchange*; assorties de facilités: avec des facilités. 23 tirer le meilleur parti: profiter au maximum.

[29]

1 Le ciel s'est tout à fait éclairci et le soleil redescend. Je vais connaître ma première nuit de forêt. Quand la pirogue accoste, l'air est si plein de moustiques que j'ai du mal à ne pas fermer les paupières. Les deux Indiens bondissent au
5 milieu des lianes et à grands coups de machette déblaient quelques mètres carrés de terre noire si couverte d'humus qu'on y enfonce jusqu'aux chevilles. Les hamacs et les moustiquaires sont rapidement installés et nos hommes allument un grand feu. Barnabé passe le café dans un fond de
10 chapeau. La nuit chante et craque. Je m'endors au milieu d'une cigarette qui me réveille en me brûlant les doigts. Les feuilles de la forêt jouent au-dessus de ma tête avec le ciel et les étoiles, puis l'air se craie, le feu se rallume, Barnabé est de nouveau accroupi au-dessus de la casserole de café et
15 nous replions nos hamacs. Il fait mal jour et la forêt dort encore, tandis que devant moi reprend le mouvement régulier des pagaies. Enfin les premiers oiseaux apparaissent striant de blanc le blanc du ciel. Il est bientôt pour la seconde fois dix heures du matin sur l'Ariari. Il est onze

heures et les perroquets jacassent dans le ciel, il est midi et 20
le soleil bâillonne l'air et la forêt.

Alain Gheerbrant: *L'expédition Orénoque-
Amazone* (© Gallimard, 1952)

[30]

– Dites, Lady Mimosa, savez-vous que mon copain Alex,   1
ici présent, a tué un homme à coups de poings ?

Elle joint les mains, pousse un petit cri:

– Non!

– Si, si Lady! Vrai ou pas vrai, Alex ?   5

– Il est mort.

– Mais c'est affreux, gloussa Lady Mimosa. Une querelle ?

– Pas du tout. Le type ne lui avait absolument rien fait!

– Mais alors ?

– C'est une devinette, Lady. Quand peut-on, sans risquer 10
la prison, tuer un homme qui ne vous a rien fait, absolument
rien!

– Mais jamais, voyons!

– Mais si, réfléchissez! Vous avez le droit de le tuer et
même on vous paie pour ça!   15

– A la guerre? J'ai trouvé! dit la folle en battant des
mains.

– Juste! Mais ce n'est pas ça. Vous brûlez . . .

– Vous savez que c'est très amusant! A la chasse? Par
imprudence ?   20

– Non . . . Il l'a tué à coups de poings et il l'a fait exprès.

Alex va pour protester. Guitare, un doigt sur les lèvres,
réclame le silence.

– J'ai beau chercher . . .

25 – Allons, Lady, un petit effort . . . Regardez bien Alex.
De quoi a-t-il l'air?

Lady Mimosa examine Alex, baisse les yeux.

– Ça commence par un *b*, dit Guitare.

– Un boxeur! Un boxeur! J'ai trouvé! Mon Dieu, vous
30 êtes boxeur, Monsieur Alex?

– Le boxeur Alex, c'est moi.

– Et vous avez tué votre adversaire?

– Il est mort.

– Après que vous l'ayez . . . pan! pan! mime la folle.

35 – C'est ça, pan! pan!

– Pauvre garçon! Mon Dieu, quel métier! Enfin . . . !
Vous allez avoir une peau plus douce que celle d'un petit
bébé, monsieur Guitare, dit Lady Mimosa en frictionnant
les cuisses d'Alex avec de l'eau de Cologne avant de les
40 masser avec une crème adoucissante.

Jean Cau: *La pitié de Dieu* (© Gallimard, 1961)

22 Alex va pour protester: Alex est sur le point de protester.

[31]

1 Il arrive souvent, dès que l'été s'est bien installé dans nos
campagnes, qu'on trouve un ou deux blaireaux en train de
rôder autour de vieilles souches. Ces malins petits fauves
savent qu'il y a là des nids de guêpes, bien cachés dans les
5 creux. C'est dans les vieux troncs ou dans le sol que les insectes jaunes et noirs choisissent l'emplacement de leur nid,
et les blaireaux le savent, car c'est là que se trouvent les
jeunes larves et les succulentes chrysalides, dont raffolent
ces bêtes!

10 J'ai découvert des nids de guêpes un peu partout, en

terre, dans des creux d'arbres morts, sous le plafond des granges, les gouttières et les appuis extérieurs de fenêtres. (Il s'agit ici des guêpes communes, celles qui viennent nous importuner lorsque nous mangeons de la confiture.)

Ces nids sont toujours à peu près les mêmes, et on dirait 15 qu'ils sont faits en carton; ce n'est pas étonnant: cette matière particulière qui constitue l'enveloppe et l'ensemble des alvéoles bien architecturés et toujours orientés vers le bas, n'est autre que le résultat de la mastication par les guêpes d'écorces, de plantes diverses, mortes ou vermoulues, 20 aux fibres déjà à moitié préparées. Grâce à leurs mandibules en cisailles et à leur salive, les insectes, après une longue trituration, arrivent à transformer cette matière première en une sorte de carton-pâte qui en séchant devient un papier très mince.   25

Chaque nid est constitué de plusieurs rayons à cellules hexagonales, reliés entre eux. Le tout est entouré de plusieurs couches de 'papier'. Ce 'guêpier' ne vivra qu'une seule saison, l'été où il a été construit. De tous ses occupants, d'abord œufs, larves et chrysalides, puis 'ouvrières' non 30 aptes à la reproduction, mâles et femelles (ou reines), seuls les mâles et les reines survivront aux premiers froids. Ils hiverneront en un abri sûr et, dès le printemps, iront fonder de nouvelles colonies.

René Hausman dans *Spirou*, 25 juillet 1963
(© Editions Dupuis et World Presse)

21 mandibules: mâchoires. 23 matière première: *raw material*. 24 le carton-pâte: *papier mâché*.

1 Il n'y a pas de pouvoir entièrement fondé sur la contrainte:
le consentement est toujours le principal. Qu'est-ce qui
arrête au carrefour la file des automobiles quand l'agent lève
son bâton blanc? Certainement pas la force physique de
5 l'agent. Quelque obscur raisonnement sur la nécessité que la
circulation soit réglementée? C'est en effet là qu'on en
arriverait si tous les conducteurs étaient des philosophes.
Mais combien sont-ils qui ont réfléchi au problème et qui
ont décidé après délibération de se conformer aux injonc-
10 tions des agents? Non, ils obéissent d'instinct au plus faible,
mais qui détient l'autorité.

Telle est l'image de tout pouvoir. On imagine parfois
qu'il existe des despotes qui maintiennent leurs peuples en
respect avec des mitrailleuses et qui forcent chacun à
15 s'acquitter de sa tâche particulière sous la menace du fusil.
Ce n'est finalement qu'une commodité, qu'une simplification
de l'esprit. En fait, les mitrailleuses ne jouent jamais de si
grand rôle. Elles ont rarement l'occasion d'entrer en action.
En outre, il est douteux qu'elles puissent obliger une multi-
20 tude au travail. Elles peuvent seulement tuer beaucoup de
monde. Aussi, ce ne sont pas tellement les mitrailleuses qui
comptent, c'est plutôt l'idée des mitrailleuses. Et encore
plus l'idée qu'elles sont au service du gouvernement. Je ne
demande rien de plus: je veux seulement donner à penser
25 qu'en toute relation de pouvoir, l'idée compte plus que la
force. Sans cela, d'ailleurs, le pouvoir appartiendrait aux
hommes qui manœuvrent les mitrailleuses, non aux officiers
qui les commandent, encore moins à celui de qui ces officiers
prennent les ordres et qui a généralement les mains nues.

Roger Caillois: *Instincts et société*
(Gonthier, 1964)

13 qui maintiennent . . . en respect: qui dominent.

M. Froget alluma une cigarette, contre son habitude. Les 1
yeux de Baas étaient bordés de rouge, les lèvres molles sur
la bouche édentée. Un mélange de force exceptionnelle et
de décrépitude. Et ce regard froid qui filtrait, s'éteignait,
renaissait avec prudence. 5

– Van Sraelen ne possédait rien ?

– Rien . . .

– Il n'était pas assuré sur la vie ?

Cette fois, ce fut toute une explication qu'il fallut
entreprendre. Si bien que chaque question prenait un temps 10
infini.

– Non . . .

– A quelle heure vous levez-vous d'habitude ?

– Six heures . . . sept heures. . . .

– Et Céline ? 15

– La même chose. . . .

– Elle a déclaré qu'elle se levait à huit heures. . . .

– C'est possible. . . .

– C'est Louise qui a découvert le cadavre ?

– Peut-être bien. . . . 20

– Vous avez dit ce matin que c'était vous. . . .

– A ors !

Il mâchonnait longuement avant chaque mot. Ses mains
aux veines gonflées, à la peau incrustée de terre, étaient
posées sur ses genoux. Les articulations n'avaient plus de 25
forme. Deux des ongles étaient noircis jusqu'à la racine. La
sonnerie du téléphone retentit. C'était un des inspecteurs
restés à la bicoque qui annonçait que le puits avait été vidé
en vain.

– Les femmes ne disent toujours rien ? 30

– La vieille a demandé si elle pourra quand même aller

43

cette nuit aux Halles. Elle a des choux qui gâteraient . . . .

— La plus jeune ?

— Elle repasse le linge . . . .

35 — Céline ?

— Elle a pleuré . . . Elle va et vient dans la maison . . . .
On sent qu'elle a un poids sur les épaules.

M. Froget raccrocha, regarda un bon moment Baas qui,
pendant cet examen, tint les yeux clos.

Georges Simenon: *Les Flamands* dans *Le
Saint, Détective Magazine,* mai 1955

[34]

1 La cour d'appel de Grenoble vient de rendre un arrêt par
lequel elle reconnaît à des parents le droit de prénommer
leur fille Marjorie. A l'origine, ce droit avait été refusé à
M. Jacques Martin, agent au Centre d'énergie atomique,
5 et sa femme, née Marie-Jeanne Elliot, par l'officier d'état
civil de la mairie de Montélimar, le 27 avril 1965, puis par
une ordonnance rendue le 21 juin suivant par le président
du tribunal de grande instance de Valence. C'est cette
ordonnance que la cour de Grenoble vient d'infirmer. Après
10 une analyse de la loi du 11 germinal An II, l'arrêt note
qu'elle interdit seulement 'les êtres abstraits et les choses
inanimées et la faculté de satisfaire une fantaisie pour le
moins toujours inconcevable et souvent absurde et ridicule'.
Or, ajoute la cour d'appel, Marjorie n'est un prénom ni
15 inconcevable, ni ridicule, ni absurde, sa consonance est
agréable et conforme aux lois de la phonétique française. Il
a été souvent donné au cours des dernières années à des
enfants nés en France. Il est compris avec Margaret, Mar-
gareta, Margarita et Marguerite dans la liste alphabétique

44

officielle des prénoms anglais susceptibles de figurer dans les actes de naissance. Au surplus, selon l'*Oxford Dictionary*, il constitue une forme française populaire du prénom Marguerite, passé en Grande-Bretagne dès 1194. Et la cour de Grenoble souligne que, bien qu'adopté outre-Manche, le prénom Marjorie ne saurait avoir perdu son origine française et qu'il ne peut cesser d'être considéré comme une forme très voisine du prénom Marguerite figurant dans le calendrier français. Enfin, la mère de l'enfant prénommée porte un nom d'origine britannique (Elliot), 'qui justifie d'un intérêt légitime non contraire à l'ordre public français à vouloir donner à son enfant un prénom en usage en Grande-Bretagne'.

Le Monde, 18 décembre 1965 (© Le Monde – Opera Mundi)

4 agent: employé. 5 officier d'état civil: personne qui tient le registre des naissances, mariages et décès. 8 tribunal de grande instance: la justice civile en France est rendue par 455 tribunaux d'instance et 172 tribunaux de grande instance. 10 germinal: septième mois du calendrier de la Première République (1792–1804), s'étendant du 21 mars au 19 avril; An II = 1793. 25 ne saurait avoir perdu: n'a rien perdu de.

[35]

'Nous sommes battus,' a déclaré le chef du parti conservateur après lecture des résultats électoraux, qui lui donnent, en définitive, quarante-deux pour cent des voix contre quarante-huit à ses adversaires travaillistes.

Aveu naïf d'un homme sans calcul et même sans arithmétique. Si quarante-huit pour cent des électeurs britanniques ont voté travailliste, c'est donc que cinquante-deux pour cent d'entre eux condamnent la politique du gouvernement. Et si l'on tient compte comme on doit le faire du chiffre des

10 abstentions (qui n'est pas ouvertement pour est fermement
contre), on peut affirmer que deux Anglais sur trois, ou
presque, viennent de se prononcer contre M. Wilson. En
pareil cas, un chef de l'opposition française se décerne la
couronne du triomphe et déclare à la presse: 'La majorité
15 vient d'essuyer une défaite dont elle ne se relèvera pas, en
tout cas pas avant cinq ans. J'espère qu'elle tirera loyalement
la leçon du scrutin et qu'elle appliquera sans plus tergiverser
la politique de l'opposition.'

   Mais les Anglais ne savent pas compter les votes. C'est
20 d'ailleurs pourquoi la démocratie dure chez eux depuis si
longtemps.

                   André Frossard dans *Le Figaro*, 4 avril 1966

3 en définitive: tout compte fait, en fin de compte. 10 qui: celui
qui. 11 sur: *out of.*

[36]

1   – Ecoutez, petites, leur dit-il, j'ai presque envie de vous
répondre comme mon frère: à quoi me servira de savoir
lire? Mais je tiens à vous faire plaisir. Après tout, si
l'instruction n'est utile à un bœuf, elle n'est pas une gêne
5 non plus, et à l'occasion, elle pourra me distraire. Si la chose
ne me donne pas trop de tintouin, je consens donc à essayer.

   Les petites étaient bien contentes d'avoir trouvé un bœuf
de bonne volonté et le félicitaient de son intelligence.

   – Bœuf, je suis sûre que tu feras de très bonnes études, de
10 brillantes études.

   Et lui, à ces compliments, il rentrait sa tête dans ses
épaules, plissant son col en accordéon, comme nous faisons,
nous, quand nous voulons nous rengorger.

   – En effet, murmurait-il, je crois bien que j'ai des dis-
15 positions.

Comme les petites quittaient l'étable pour all[...]
un alphabet, le grand roux leur demanda sérieu[...]

– Dites-moi, petites, est-ce que vous n'av[...]
d'apprendre à ruminer ?

– Apprendre à ruminer, dirent-elles en [...]
pourquoi faire ?

– Vous avez raison, convint le grand roux, pourquoi
faire ?

Delphine et Marinette, qui voulaient faire une surprise à
leurs parents, décidèrent de garder le secret sur les études 25
du bœuf blanc. Plus tard, quand il serait déjà savant, elles
auraient plaisir à voir l'étonnement de leur père.

Les débuts furent plus faciles que les petites n'avaient
osé l'espérer. Le bœuf était vraiment très doué, et d'autre
part, il avait beaucoup d'amour-propre. A cause des railleries 30
du grand roux, il feignait de prendre un plaisir sans égal à
épeler l'alphabet. En moins de quinze jours, il eut appris à
lire ses lettres et même à les réciter par cœur. Les dimanches,
les jours de pluie, et en général, tous les soirs au retour des
champs, Delphine et Marinette lui donnaient des leçons en 35
cachette de leurs parents. Le pauvre bœuf en avait de
violents maux de tête, et il lui arrivait de se réveiller au
milieu de la nuit en disant tout haut:

– B,A, ba, B,E, be, B,I, bi . . .

– Est-il bête avec ses B,A, ba, ronchonnait le grand roux. 40
Il n'y a même plus moyen de dormir tranquillement, depuis
que ces deux gamines lui ont donné des idées de grandeur.
Si encore tu étais sûr de ne rien regretter plus tard . . .

– Tu n'imagineras jamais, ripostait le bœuf blanc, quel
plaisir ce peut être de connaître les voyelles, les consonnes, 45
de former des syllabes enfin. Cela rend la vie bien agréable
et je comprends à présent pourquoi l'on fait un si grand
éloge de l'instruction. Je me sens déjà un autre bœuf qu'il y
a trois semaines. Quel bonheur d'apprendre! Mais voilà,
tout le monde ne peut pas, il faut des capacités. 50

e voyant si heureux, le grand roux en venait parfois à
. demander s'il avait été sage de s'obstiner dans son ignorance. Mais comme cette année-là, le fourrage avait un ex-
cellent goût de noisette, que la paille était douce et longue, il
55 résistait facilement aux séductions de l'esprit.

Marcel Aymé: *Les contes du chat perché*
(© Gallimard, 1939)

5 à l'occasion: si l'occasion se présente. 6 tintouin (*familiar*): souci.
12 en accordéon: comme un accordéon. 15 des dispositions: de
l'aptitude.

[37]

1   J'ai traversé les ponts de Cé
       C'est là que tout a commencé

       Une chanson des temps passés
       Parle d'un chevalier blessé

5   D'une rose sur la chaussée
       Et d'un corsage délacé

       Du château d'un duc insensé
       Et des cygnes dans les fossés

       De la prairie où vient danser
10   Une éternelle fiancée

       Et j'ai bu comme un lait glacé
       Le long lai des gloires faussées

       La Loire emporte mes pensées
       Avec les voitures versées

15   Et les armes désamorcées
       Et les larmes mal effacées

O ma France ô ma délaissée
J'ai traversé les ponts de Cé

Louis Aragon: *Les yeux d'Elsa* (Cahiers du
Rhône, 1942)

1 les ponts de Cé, dont le nom évoque Jules César, franchissent la
Loire au sud d'Angers.

[38]

Tous les gouvernements français ont vu, depuis 1955, dans   1
le Marché commun, le seul moyen de ne pas avoir à financer
l'exploitation d'excédents agricoles de plus en plus lourds.
Nous sommes voués à produire de tels excédents parce que
nous possédons un potentiel agricole considérable (presque   5
la moitié des surfaces cultivées de la Communauté se trouvent
sur territoire français: 34,3 millions d'hectares sur un total
de 73,4 millions) et que ce potentiel, encore mal exploité,
verra encore sa productivité augmenter. Or, le marché
mondial des denrées alimentaires, tel qu'il fonctionne   10
actuellement, est un défi aux intérêts français. Nos proches
voisins, allemands, italiens, font venir d'Outre-mer
(d'Amérique du Nord principalement) les produits dont ils
ont besoin et les paient bon marché. Nous sommes nous-
mêmes obligés d'écouler nos surplus aux prix mondiaux,   15
c'est-à-dire à des prix nettement plus bas que les prix
intérieurs. Le seul remède à la situation actuelle est, pour la
France, d'élargir les frontières de son marché national aux
dimensions de l'Europe. Alors, il se passera de deux choses
l'une: ou bien, nos partenaires consommeront les produits   20
de la terre française, en les achetant aux mêmes prix que les
Français, ou bien ils ne nous offriront que des débouchés

insuffisants, mais devront alors participer financièrement à
l'écoulement des excédents français, devenus des excédents
25 'européens'.

Paul Fabra: *Y a-t-il un Marché commun?*
(Editions du Seuil, 1965)

1 1955: date de la Conférence de Messine où les ministres des
Affaires étrangères des 'Six' se sont mis d'accord sur le principe
d'un Marché commun généralisé. 6 Communauté: la Communauté
Economique Européenne (ou Marché commun) instituée par le
traité de Rome en 1957.

[39]

1 Tapies sous les pierres, cachées dans les moindres anfrac-
tuosités des roches, dans les plus petits trous sous les berges,
les glissantes et inexorables anguilles sortent toutes à la
même heure, surtout de nuit, mais aussi, par les accablantes
5 journées d'août, en plein midi quand le soleil brille au
zénith. Peu de pêcheurs connaissent cette particularité, et
beaucoup moins nombreux encore sont ceux qui savent
qu'elles chassent parfois aussi bien en surface qu'en fond,
surtout en eaux très profondes. Dans certains lacs, en effet,
10 les professionnels tendent de très longs cordeaux soutenus
par des bouées, dérivant en surface.

Le nombre d'anguilles que certaines rivières peuvent
receler est inimaginable. Dans nos gaves, par exemple, il
n'est pas une pierre qui n'en cache une. A tel point que dans
15 certains départements, les cordeaux, qui furent longtemps
interdits sauf pour les fermiers de pêche, sont maintenant
autorisés pour tous les pêcheurs, sous certaines conditions.
Pour qui sait la vivacité de cette gent rampante, c'est bien
la plus logique mesure qui puisse être prise.

L'hiver, leur pêche est à peu près inopérante, car, comme 20
les serpents à qui elles ressemblent tant, elles vivent en
léthargie au fond de leurs cachettes. Mais dès que vous
voyez un lézard contre une muraille, dès que les feuilles des
noisetiers bordant les rives sont grandes comme des oreilles
de chat, vous pouvez préparer vos lignes. 25

Michel Duborgel: *La pêche et les poissons de
rivière* (Editions Stock, Le livre de poche,
1955)

10 un cordeau: ligne de fond (*ground-line*). 16 un fermier de pêche:
quelqu'un qui a acquis des droits de pêche exclusifs dans un
endroit délimité. 18 gent: singulier de gens, peu usité et souvent
ironique.

[40]

Monsieur le Directeur, 1
   C'est avec stupeur que nombre de Parisiens ont appris
l'éventualité du remplacement de la passerelle Saint-Louis
par un pont à quatre voies reliant les îles de la Cité et
Saint-Louis. 5
   Un pont à quatre voies ferait déverser dans cette oasis de
paix un torrent de voitures qui, par la vieille rue Saint-
Louis-en-l'Ile, restée intacte depuis 1640, ou par ses quais
si plaisants, traverserait l'île de part en part pour en
déboucher par les ponts de Sully, et les cars touristiques 10
venant de Notre-Dame ne manqueraient pas d'inclure dans
leur 'tour' la visite de 'l'île enchantée'. Toutes ces traversées
troubleraient la sérénité des 'îliens', empesteraient l'île de
vapeurs d'essence et ébranleraient ses maisons vieilles de
trois siècles. . . . 15
   A une époque où on ne semble pas comprendre qu'il ne

faut pas toucher au Paris inclus dans le mur des fermiers
généraux et que c'est au-delà de celui-ci que doivent
s'épanouir les constructions nécessitées par l'extension de
20 la capitale, la préservation de l'île Saint-Louis par une
passerelle réservée aux seuls piétons entrent dans le cadre de
la défense de notre chère vieille ville.

Lettre parue dans *Le Monde*, 13 juillet 1963
(© Le Monde – Opera Mundi)

17 le mur des fermiers généraux : enceinte du Paris du dix-huitième
siècle ; fermiers généraux : *tax farmers under the* Ancien Régime.

[41]

1 Mal payé, connaissant des conditions de travail particulièrement pénibles, sans avantages sociaux, l'ouvrier du
bâtiment et des travaux publics est un peu un paria de la
société actuelle. Rien d'étonnant à ce que le nombre
5 d'ouvriers étrangers soit particulièrement élevé, 400.000
environ. On rencontre sur les chantiers des Nord-Africains
(près de 200.000), des Italiens (plus de 100.000), des Espagnols, des Portugais et même, depuis quelque temps, des
immigrants venus d'Afrique noire. Et les difficultés de
10 langage viennent encore rendre le métier plus dangereux.
   On parle souvent, comme cause principale d'accidents, de
l'imprudence des ouvriers. C'est parfois vrai. Il faut
quelquefois imposer le port du casque, le port des gants
protecteurs, et pendant longtemps les charpentiers en fer
15 ont mis un point d'honneur à ne pas s'amarrer avec une
ceinture de sécurité lorsqu'ils effectuaient leur périlleux
travail à quelques dizaines de mètres du sol. Mais trop fréquemment les systèmes de protection – gants, lunettes,

52

ceintures – ralentissent le rythme du travail, et, pour le chef
de chantier, le rendement est essentiel.   20

Autres causes d'accidents: la durée du travail d'abord.
Pour compenser les périodes d'intempéries, les entreprises
imposent durant la belle saison des semaines de cinquante-
quatre ou de soixante heures. Et, comme chacun sait, les
dernières heures de la journée, celles où la fatigue est maxi- 25
mum, sont aussi les plus dangereuses. Les maladies professionnelles, ensuite. Elles sont nombreuses dans la branche.
Le ciment, la poussière, la pluie, le soleil, le vent, etc.,
provoquent des bronchites chroniques, des rhumatismes, de
l'emphysème, qui rendent l'ouvrier plus vulnérable, plus 30
fragile, moins sûr de lui.

Enfin, dernière cause, l'alcoolisme. On boit beaucoup dans
le bâtiment; par tradition, mais aussi parce que la poussière
et le vent donnent soif. Jadis, le compagnon traînait dans
une des poches de sa culotte de velours sa bouteille de 35
'gros rouge'. Il semble d'ailleurs que l'alcoolisme soit en
régression. Les jeunes ouvriers, français ou étrangers,
délaissent le vin pour la bière ou les sodas.

Lucien Rioux dans *France-Observateur*,
23 janvier 1964

6 chantiers: *building sites*. 14 charpentiers en fer: *steel erectors*.
18 lunettes: *protective goggles*. 22 entreprises: *building firms*. 23 la
belle saison: l'été. 34 compagnon: *journeyman*. 36 'gros rouge':
vin rouge ordinaire.

[42]

BERTRAND: Je suis fatigué, fatigué, fatigué. Moi, un gaillard 1
comme moi, courageux comme j'étais, constamment
occupé à brancher une ampoule, à bricoler un side-car,
voilà, voilà ce que je suis devenu. En un rien de temps.

5 Regardez-moi! non! mais regardez-moi! les bras ballants, vautré comme une flaque de cambouis! Est-ce que vous vous souvenez, au moins, le soir où vous êtes arrivée, est-ce que vous vous souvenez que je vous ai pincé les fesses?

GERMAINE: Oh, Bertrand! je sais bien que vous ne l'avez
10 pas fait exprès!

BERTRAND: Si. C'est comme ça que j'étais, moi. Une nature pratique. Direct. Pas d'embarras. Ça ne plaît pas à tout le monde, il y a du déchet, mais, dans l'ensemble, on voit du pays, on reste rarement les mains inoccupées. Et le
15 matin, boulot boulot! le soleil! le café noir, les chaussures pas cirées. J'étais comme ça. Et ça me faisait plaisir qu'elles s'appellent Solange, quand elles s'appelaient Solange, et il y en avait qui s'appelaient Solange. Mais vous! Quand je vous ai mis les mains aux fesses, c'est bien simple, vous
20 n'y avez pas cru!

GERMAINE: Si!

BERTRAND: Non! Et tenez, moi qui vous parle, j'en ai connu une qui s'appelait Ursule! Oui! Ursule! eh bien, quand je l'appelais Ursule, c'était comme quand on prend
25 un marteau par son manche! je disais: Ursule! et c'était comme si je l'avais déjà en main, Ursule! Comprenez-vous? Mais vous, vous! quand je vous appelle Germaine, savez-vous l'effet que ça me fait? J'ai honte.

GERMAINE: Il ne faut pas . . .

30 BERTRAND: Ah non? Vraiment pas? Eh bien, Germaine, dites-moi comment ça se déboutonne, cette petite chose?

GERMAINE: Bertrand!

BERTRAND: Je vous demande ça, parce que je voudrais bien voir ce qu'il y a dedans, Germaine . . . vous permettez? . . .
35 vous permettez . . . ? . . . vous permettez, oui ou non?

GERMAINE: Non!

BERTRAND: Vous voyez bien. Ce n'est pas ça que vous me demandez.

GERMAINE: Pas comme ça, Bertrand.

54

BERTRAND: Bertrand!... oui. Maintenant, quand vous 40
m'appelez Bertrand, c'est vous qui me tenez. Alors,
allez-y. Qu'est-ce que vous voulez faire de moi ? Car enfin,
tout de même, vous n'allez pas vous contenter de rester
là ? Vous n'allez pas vous contenter de me donner des
crampes d'estomac, non ? Il va falloir vous décider. 45
Qu'est-ce que vous voulez ?

GERMAINE: Je ne sais pas....

BERTRAND: Vous ne savez jamais rien!... Qu'est-ce que
vous voulez ?

Roland Dubillard: *Naïves Hirondelles*
(© Gallimard, 1962)

[43]

La figure dans l'œuvre de Léger. On aurait aussi bien pu 1
changer ce titre et décider de celui-ci: *Le trousseau de clés
dans l'œuvre de Léger* ou, encore *La bicyclette dans l'œuvre de
Léger*. Cela veut dire que pour moi la figure humaine, le corps
humain n'ont pas plus d'importance que des clés ou des 5
vélos. C'est vrai, ce sont pour moi des objets valables
plastiquement et à disposer suivant mon choix.

On doit reconnaître que les traditions picturales qui nous
précèdent – la figure et le paysage – sont lourdes d'influence.
Pourquoi ? C'est le paysage dans lequel on a vécu, ce sont 10
les figures et les portraits qui ornent les murs, d'où valeur
sentimentale au départ qui a permis l'éclosion d'une quantité
considérable de tableaux bons ou mauvais, ou discutables.

Il a fallu pour y voir clair que l'artiste moderne se
détache de cette emprise sentimentale. Nous avons franchi 15
cet obstacle: l'objet a remplacé le sujet, l'art abstrait est

venu comme une libération totale, et on a pu alors considérer la figure humaine non comme une valeur sentimentale mais uniquement comme une valeur plastique.

20   Voilà pourquoi dans l'évolution de mon œuvre de 1905 à
maintenant, la figure humaine reste volontairement *inex-
pressive*.

Je sais que cette conception très radicale de la figure-objet
révolte pas mal de gens, mais je n'y puis rien.

25   Dans mes dernières toiles, où prennent place des figures
liées à des sujets, peut-être trouverez-vous que la figure
humaine aurait tendance à devenir l'objet majeur. L'avenir
dira si cela est meilleur plastiquement ou si c'est une
erreur. En tout cas le dispositif actuel est toujours dominé
30   par des valeurs contrastées qui doivent justifier cette
évolution.

> Fernand Léger dans *La figure dans l'œuvre de
> Léger*, éd. Louis Carré (1952)

[44]

1   Un jour de septembre 1940, quatre jeunes gens jouant aux
explorateurs firent le plus extraordinaire voyage à travers
le temps qu'on puisse imaginer. Ils erraient dans les bois
qui, au bord de la Vézère, dominent le bourg de Montignac,
5   en Dordogne, quand leur petit chien disparut dans un trou.
Tâtonnant à sa recherche, ils glissèrent sur une pente abrupte
au bas de laquelle ils se trouvèrent dans l'obscurité d'une
immense salle souterraine. Revenus le lendemain avec une
lampe de fortune, ils se virent soudain entourés d'animaux
10   d'une taille prodigieuse, dont la ronde fantastique peinte sur
le roc se poursuivait tout au long des parois. En quelques

mètres ils avaient franchi les millénaires qui séparent notre
époque de l'ère quaternaire. Jaloux d'abord de leur secret,
comme les enfants sont coutumiers pour leurs cachettes
ou leurs trésors, ils décidèrent enfin à rapporter leur 15
hallucinante vision à l'instituteur. Celui-ci, Léon Laval,
alerta aussitôt l'abbé Breuil. L'éminent préhistorien se
rendit sans tarder sur les lieux et reconnut que les quatre
jeunes Périgourdins, premiers humains à pénétrer dans la
caverne depuis l'âge du Renne, avaient, dans cette région 20
de la Vézère déjà si riche en gisements, à vingt kilomètres des Eyzies, capitale de la préhistoire, découvert le
plus extraordinaire ensemble de l'art quaternaire connu à
ce jour. Le lieu de leur aventure, propriété du comte de la
Rochefoucault-Montbel, s'appelait Lascaux. Le nom devait 25
bientôt devenir célèbre dans le monde entier.

Jean Taralon: *La grotte de Lascaux* (Caisse
nationale des monuments historiques, 1958)

4 la Vézère: rivière du sud-ouest de la France, traversant le
département de la Dordogne. 9 une lampe de fortune: une lampe
improvisée. 13 l'ère quaternaire (*pron. kwa*): période dans l'histoire
de la Terre, marquée par l'apparition de l'homme. 14 comme
les enfants sont coutumiers: comme les enfants ont l'habitude.
17 abbé: prêtre sans charge ecclésiastique. 19 Périgourdin: habitant du Périgord, province du Sud-Ouest. 20 l'âge du Renne:
époque dans l'art préhistorique où domina le motif du renne.

[45]

Le surlendemain, je partis avant le jour, pressé de rencontrer 1
la compagnie à qui j'avais deux mots à dire, à condition
qu'elle voulût bien m'entendre. Je gagnai les crêtes que ne
dorait pas encore le soleil levant, ce qui m'interdit tout effet

5 poétique, et je marchais, plus silencieux qu'un Sioux, sur un
sentier moussu, dans un bois de noisetiers. Enfin l'aube
voulut bien venir et j'entendis, à quelques mètres derrière
moi, un cheminement léger et terriblement discret.

– Tiens, un lièvre!

10 Je me retournai. Un sanglier d'une cinquantaine de kilos
me considérait avec un réel étonnement, la queue en l'air.
Le temps d'essayer de lever le fusil, il s'était évanoui. Je
devins blême.

Décidé à tout, je consacrai une journée à installer, à
15 proximité d'un passage connu depuis des générations de
chasseurs, un siège confortable et quasiment invisible. Je
pris position à six mètres au-dessus du sol, nanti de
l'équipement nécessaire pour passer une nuit agréable: une
couverture, une bouteille thermos rempli de café vitriolique,
20 une large courroie de sécurité. Et j'attendis.

Bien des gens me disent qu'ils n'auraient jamais la
patience de rester quatre ou cinq heures sur un siège
d'affût. Ce n'est pas une affaire de patience. A chaque
instant, vous vous attendez à ce qu'il se passe quelque chose.
25 C'est plutôt une question d'impatience! En fait, neuf fois
sur dix, il ne se passe rien. Rien de ce qui vous intéresse
précisément: vous voyez dix chevreuils avant l'ouverture,
des lièvres que vous serez déshonoré de tirer ainsi, des
écureuils, des merles qui font plus de tapage qu'une troupe
30 de cochons. Puis c'est la nuit. Vous ne savez plus où vous
êtes, vous ignorez si vous dormez, si vous rêvez, si vous
vivez. Il y a d'interminables moments de calme, une
agitation subite, un renard qui glapit au loin . . .

J'attendis donc. Les sangliers arrivèrent en se bousculant,
35 à mes pieds. Il était minuit, sans lune! Loin de me dé-
courager, je me réjouis à l'avance de la réception que je leur
ferais au retour: sortis si tard, ils ne rentreraient pas avant
l'aube. Ils s'en revinrent à l'allure d'une locomotive haut le
pied. Il était deux heures. Les yeux rouges, transi, dévoré

par les moustiques, je descendis de mon perchoir à sept 40
heures. Je rassemblai mon matériel, jetai la couverture sur
mon épaule et fis quelques pas. Un craquement de branches
me figea sur place. Ça n'était pas possible! Sur la crête, à
cent mètres devant moi, je vis passer deux cochons,
superbes, majestueux, jaugeant dans les trois cents livres. 45
J'avais pris le fusil, et laissé la carabine à la maison pour
être plus libre de mes gestes. . . .

Le Chasseur Français, avril 1964

14 décidé à tout: *determined to go to any lengths*. 23 affût: endroit
d'où l'on guette le gibier. 27 avant l'ouverture: *before the start of the
season*. 30 cochons: sangliers. 38 s'en revinrent: revinrent; une
locomotive haut le pied: une locomotive qui n'est pas attelée à des
wagons. 46 fusil (de chasse): *shotgun*; carabine: *light rifle*.

[46]

. . . Lorsque je suis allé à Djémila, il y avait du vent et du 1
soleil, mais c'est une autre histoire. Ce qu'il faut dire
d'abord, c'est qu'il y régnait un grand silence lourd et sans
fêlure – quelque chose comme l'équilibre d'une balance. Des
cris d'oiseaux, le son feutré de la flûte à trois trous, un 5
piétinement de chèvres, des rumeurs venues du ciel, autant
de bruits qui faisaient le silence et la désolation de ces lieux.
De loin en loin, un claquement sec, un cri aigu, marquaient
l'envol d'un oiseau tapi entre des pierres. Chaque chemin
suivi, sentiers parmi les restes des maisons, grandes rues 10
dallées sous les colonnes luisantes, forum immense entre
l'arc de triomphe et le temple sur une éminence, tout conduit aux ravins qui bornent de toutes parts Djémila, jeu de
cartes ouvert sur un ciel sans limites. Et l'on se trouve là,

15 concentré, mis en face des pierres et du silence, à mesure que
le jour avance et que les montagnes grandissent en devenant
violettes. Mais le vent souffle sur le plateau de Djémila.
Dans cette grande confusion du vent et du soleil qui mêle
aux ruines la lumière, quelque chose se forge qui donne à
20 l'homme la mesure de son identité avec la solitude et le
silence de la ville morte.

Albert Camus: *Noces* (© Gallimard, 1950)

1 Djémila: ville romaine d'Algérie.

[47]

1 Ce train qui est parti comme il faut tous les jours à huit
heures dix de Paris-Lyon, qui comporte un wagon-
restaurant comme l'indique cette petite fourchette et ce
petit couteau entrecroisés, ce wagon-restaurant même que
5 vous venez déjà d'utiliser ainsi que les deux jeunes époux, et
où vous retournerez déjeuner mais non dîner parce qu'à ce
moment-là c'en sera un autre, italien, il s'arrêtera à Dijon et
en repartira à onze heures dix-huit, il passera à Bourg à
treize heures deux, quittera Aix-les-Bains à quatorze heures
10 quarante-et-une (il y aura vraisemblablement de la neige sur
les montagnes autour du lac), s'arrêtera vingt-trois minutes
à Chambéry pour assurer une correspondance, et au passage
de la frontière depuis seize heures vingt-huit jusqu'à dix-
sept heures dix-huit pour les formalités (cette petite maison
15 après le mot Modane, c'est le hiéroglyphe qui signifie
douane), il arrivera à Turin-Piazza-Nazionale à dix-neuf
heures vingt-six (oh, ce sera la nuit déjà depuis longtemps),
en repartira à vingt heures cinq, quittera la station Piazza-
Principe à Gênes à vingt-deux heures trente-neuf, atteindra
20 Pise à une heure quinze, et Roma-Termini enfin demain

matin à cinq heures quarante-cinq, bien avant l'aube, ce train presque inconnu pour vous, puisque d'habitude c'est toujours l'autre que vous prenez, celui de la colonne d'à côté, le rapide numéro sept, le Rome-express à wagons-lits, qui n'a que des premières et des secondes, qui est tellement 25 plus rapide, puisqu'il ne met que dix-huit heures quarante pour faire le trajet, alors que celui-ci, voyons, celui-ci met vingt-et-une heures trente-cinq, ce qui fait, voyons, ce qui fait deux heures cinquante de différence, et dont l'horaire est tellement plus commode, partant au moment du dîner 30 pour arriver au début de l'après-midi suivante.

Michel Butor: *La Modification* (Editions de Minuit, 1957)

2 Paris-Lyon: la gare de Lyon, grande gare parisienne desservant le sud-est. 7 c'en sera un autre: *it will be another one*. 19 Gênes: Genoa.

[48]

C'était une fin d'après-midi d'avril. . . . Insensible à toute 1 cette poésie, Mathieu ne s'apercevait pas qu'il traversait une campagne en liesse. Pour ce patron routier, le printemps n'était pas la saison du renouveau, mais l'époque de l'année où le moteur ne souffrait ni du chaud ni du froid, où le 5 goudron n'était ni verglacé ni brûlant sous les pneus: comme l'automne. . . .

Le poids lourd, un Bernard, avançait avec une régularité de navire. L'homme qui le conduisait n'avait pas son pareil pour faire glisser un camion. Il en était fier: 'J'ai le pilotage 10 automatique dans le pied,' disait-il.

Dans la couchette du Bernard, Dupuy, le chauffeur de Mathieu, dormait.

Tout en conduisant, le vieux routier pensait au fret du
15 prochain voyage, mais pour calculer quand ils pourraient
repartir, il fallait savoir quel jour c'était; et, à force de rouler
sans séparer les semaines par des dimanches, Mathieu était
constamment perdu. Pour s'y retrouver, il devait chaque
fois recourir à des repères. Il se rappela avoir vu France-
20 Yougoslavie en football le dimanche précédent, et à partir
de là, remonta les jours. Ils avaient quitté Paris lundi soir,
déchargé dans la nuit de mardi à mercredi et repris la route
le mercredi à minuit. C'était donc jeudi.

Albert Aycard: *La Route* (© Denoël, 1956)

[49]

Avis

1   La nuit qui précéda sa mort
    Fut la plus courte de sa vie
    L'idée qu'il existait encore
    Lui brûlait le sang aux poignets
5   Le poids de son corps l'écœurait
    Sa force le faisait gémir
    C'est tout au fond de cette horreur
    Qu'il a commencé à sourire
    Il n'avait pas *un* camarade
10   Mais des millions et des millions
    Pour le venger il le savait
    Et le jour se leva pour lui.

Paul Eluard – collection Poètes d'aujourd'hui,
no 1 (Seghers, 1964)

Un jour où, conduisant ma voiture, je tardais une seconde 1
à démarrer au feu vert, pendant que nos patients concitoyens
déchaînaient sans délai leurs avertisseurs dans mon dos, je
me suis souvenu soudain d'une autre aventure, survenue
dans les mêmes circonstances. Une motocyclette conduite 5
par un petit homme sec, portant lorgnon et pantalon de golf,
m'avait doublé et s'était installée devant moi, au feu rouge.
En stoppant, le petit homme avait calé son moteur et
s'évertuait en vain à lui redonner souffle. Au feu vert, je lui
demandai, avec mon habituelle politesse, de ranger sa 10
motocyclette pour que je puisse passer. Le petit homme
s'énervait encore sur son moteur poussif. Il me répondit
donc, selon les règles de la courtoisie parisienne, d'aller me
rhabiller. J'insistai, toujours poli, mais avec une légère
nuance d'impatience dans la voix. . . . Pendant ce temps, 15
quelques avertisseurs commençaient, derrière moi, de se
faire entendre. Avec plus de fermeté, je priai mon interlocuteur d'être poli et de considérer qu'il entravait la circulation. L'irascible personnage, exaspéré sans doute par la
mauvaise volonté, devenue évidente, de son moteur, 20
m'informa que si je désirais ce qu'il appelait une dérouillée,
il me l'offrirait de grand cœur. Tant de cynisme me remplit
d'une bonne fureur et je sortis de ma voiture dans l'intention
de frotter les oreilles de ce mal embouché. Je ne pense pas
être lâche (mais que ne pense-t-on pas!), je dépassais d'une 25
tête mon adversaire, mes muscles m'ont toujours bien servi.
Je crois encore maintenant que la dérouillée aurait été reçue
plutôt qu'offerte. Mais j'étais à peine sur la chaussée que, de
la foule qui commençait à s'assembler, un homme sortit, se
précipita sur moi, vint m'assurer que j'étais le dernier des 30
derniers et qu'il ne permettrait pas de frapper un homme

qui avait une motocyclette entre les jambes et s'en trouvait, par conséquent, désavantagé. Je fis face à ce mousquetaire et, en vérité, ne le vis même pas. A peine, en effet, avais-je la
35 tête tournée que, presque en même temps, j'entendis la motocyclette pétarader de nouveau et je reçus un coup violent sur l'oreille. Avant que j'aie eu le temps d'enregistrer ce qui s'était passé, la motocyclette s'éloigna. Etourdi, je marchai machinalement vers d'Artagnan quand, au même
40 moment, un concert exaspéré d'avertisseurs s'éleva de la file, devenue considérable, des véhicules. Le feu vert revenait. Alors, encore un peu égaré, au lieu de secouer l'imbécile qui m'avait interpellé, je retournai docilement vers ma voiture et je démarrai, pendant qu'à mon passage
45 l'imbécile me salvait d'un 'pauvre type' dont je me souviens encore.

Histoire sans importance, direz-vous? Sans doute. Simplement, je mis longtemps à l'oublier, voilà l'important. J'avais pourtant des excuses. Je m'étais laissé battre sans
50 répondre, mais on ne pouvait pas m'accuser de lâcheté. Surpris, interpellé des deux côtés, j'avais tout brouillé et les avertisseurs avaient achevé ma confusion. Pourtant, j'en étais malheureux comme si j'avais manqué à l'honneur. Je me revoyais, montant dans ma voiture, sans une réaction,
55 sous les regards ironiques d'une foule d'autant plus ravie que je portais, je m'en souviens, un costume bleu très élégant. J'entendais le 'pauvre type!' qui, tout de même, me paraissait justifié. Je m'étais en somme dégonflé publiquement. Par suite d'un concours de circonstances, il est vrai, mais il
60 y a toujours des circonstances. Après coup, j'apercevais clairement ce que j'eusse dû faire. Je me voyais descendre d'Artagnan d'un bon crochet, remonter dans ma voiture, poursuivre le sagouin qui m'avait frappé, le rattraper, coincer sa machine contre un trottoir, le tirer à l'écart et lui
65 distribuer la raclée qu'il avait largement méritée. Avec quelques variantes, je tournai cent fois ce petit film dans mon

imagination. Mais il était trop tard, et je dévorai pendant quelques jours un vilain ressentiment. . . .

Albert Camus: La Chute © Gallimard, 1956)

13 d'aller me rhabiller: *to clear off*. 21 si je désirais ce qu'il appelait une dérouillée: *if I wanted what he called a 'dusting down'*. 22 de grand cœur: volontiers. 33 mousquetaire: redresseur de tort (voir *Les trois mousquetaires* de Dumas père). 39 d'Artagnan: l'un des héros des *Trois mousquetaires*.

[51]

. . . On a établi en France un service public de la radiodiffu- 1
sion et de la télévision, qui a le monopole des émissions.
Tous les postes privés sont interdits sur le territoire français:
il n'existe de postes privés émettant en langue française
qu'en dehors de nos frontières, à la périphérie du territoire 5
(Europe numéro I, Radio-Andorre, Radio-Luxembourg,
Radio-Monte-Carlo). Ce système a été instauré en 1945.
Auparavant, il y avait coexistence entre une radiodiffusion
d'Etat et les postes émetteurs privés soumis à l'autorisation
gouvernementale. On a essayé de maintenir, malgré tout, 10
une certaine liberté de la radiodiffusion et de la télévision.
En premier lieu, on peut concevoir que les programmes de
la radiodiffusion soient établis par des conseils d'administration composés de délégués élus par les auditeurs (c'est-à-
dire, par les possesseurs d'un poste de radio): telle est la 15
solution vers laquelle on a paru s'orienter en 1935–6 avec
l'élection des Conseils de gérance par les associations
d'auditeurs. En fait, cette solution pouvait être dangereuse
pour la liberté, dans la mesure où une majorité à l'intérieur
des Conseils aurait orienté les programmes dans un sens 20
unique, sans tenir compte des minorités. D'où une deuxième

solution: l'Etat accorde à chaque groupe d'opinion, à chaque famille spirituelle, un temps d'émission égal: c'est la solution adoptée en période électorale pour le temps de
25 parole attribué aux différents partis; c'est également la solution adoptée en matière de diffusion des services religieux et des sermons, où il existe une certaine égalité entre les différents cultes. Egalement, des 'tribunes libres' permettant des discussions animées et vivantes entre gens de
30 tendances opposées ont été établies.

Malheureusement, ces divers procédés s'avèrent assez peu efficaces. On constate, depuis quelques années, une tendance progressive de l'Etat à contrôler étroitement les tendances de la radiodiffusion et de la télévision. Notamment, le
35 'Journal parlé' ou le 'Journal télévisé', manifestent la plupart du temps une extrême partialité en faveur du gouvernement . . . .

Maurice Duverger: *Les institutions françaises*
(Presses Universitaires de France, 1962)

23 famille spirituelle: *i.e. people of the same persuasion.*

[52]

1 Au 105, rue du Faubourg-Saint-Denis, on peut voir encore une enseigne insolite à Paris: 'Ecrivain public'. L'enseigne, d'allure moyenâgeuse, avec ses caractères gothiques (comme il se doit), va disparaître. La vieille dame qui exerçait, depuis
5 1919, ce petit métier d'autrefois, Mme Georgette Chaussin, a été expulsée lundi. Le commissaire a posé un cadenas sur la porte de son logement, à l'entresol de l'immeuble, en con-clusion d'un procès gagné par le propriétaire. C'est aussi une tradition familiale que va clore ce cadenas-là. Le métier se
10 transmettait de père en fils (ou de mari en veuve) depuis 1827. La 'charge' – incessible – était nommée 'tolérance'.

66

Les prédécesseurs de Mme Chaussin l'avaient exercée dans une échoppe adossée aux murs de la prison Saint-Lazare jusqu'à la démolition. Avec le temps, la profession s'était un peu modifiée. A l'écriture à la plume, s'ajoutait la rédaction 15 à la machine. De plus la clientèle n'était pas recrutée seulement parmi les illettrés, devenus plus rares. Ceux qui étaient embarrassés pour tourner une lettre à caractère officiel, pour demander une réduction d'impôts, solliciter une décoration ou une grâce, recouraient à l'écrivain public. 20 Parfois, ils passaient leur commande . . . par lettre. Mais il arrivait encore à Mme Chaussin de composer des missives d'amour, sous la dictée d'une sentimentale . . . . 'J'étais la dernière à Paris et même en France à exercer ce métier-là,' déclare la vieille dame. 'Un métier que je ne voudrais faire 25 pour rien au monde,' ajoute sa petite-fille qui l'a hébergée. La tradition s'en va . . . .

Le Monde, 24 octobre 1962 (© Le Monde – Opera Mundi)

3 comme il se doit: *as is fitting*. 11 la 'charge': *practice* (cf. une charge de notaire). 15 la rédaction à la machine: *typewriting*.

[53]

J'apercevais par la porte entrouverte, de l'autre côté du 1 corridor, ta cousine Lucie, assise sur une petite chaise dans sa chambre, qui tricotait un chandail bleu pour sa poupée.

Une rafale de pluie a balayé les vitres.

Dans les bois de Verrières, avec les bisons, à l'abri sous 5 un tunnel, assis par terre le long des parois, regardant le ruisseau boueux qui grossissait entre vous,

en guerre, chargés d'une importante mission, faire parvenir au quartier général des documents ultra-secrets, plans

10 d'un sous-marin atomique, que l'ennemi dispersé, les trois
    autres patrouilles, chamois, tigres, écureuils, cherchait
    évidemment à vous arracher,
        ignorant encore quel était exactement le lieu où vous
    deviez vous rendre sachant seulement qu'un émissaire, dont
15 on vous avait donné le signalement, vous attendrait au pied
    de certain grand hêtre rouge à cinq centimètres au sud-sud-
    est du point d'où vous étiez partis, et qu'il vous remettrait
    une enveloppe contenant instructions en code et croquis
    topographique,
20 tu as commencé d'avoir froid; le sol était de plus en plus
    humide, et puis l'heure tournait, déjà trois heures moins le
    quart à ta montre; tu as décidé le départ; ce hêtre rouge ne
    devait plus être loin maintenant; l'un d'entre vous en
    éclaireur, d'abord, puis les autres silencieux, épiant les
25 fourrés à droite et à gauche, foulards glissés dans les
    ceintures, dont la perte signifiait la mort à l'intérieur du jeu,
    toi en dernier, les pouces glissés dans les bretelles de ton sac
    à dos, sifflant doucement l'air d'une chanson scoute, com-
    mençant à te moquer de tout cela . . . .

Michel Butor: *Degrés* (© Gallimard, 1960)

[54]

1 Si l'on a choisi pour unir la France et l'Angleterre le tunnel
   plutôt que le pont, c'est sans doute qu'il y a de bonnes raisons,
   techniques, financières, voire stratégiques. Je me demande
   pourtant s'il ne faut point voir aussi dans ce choix des
5 profondeurs subconscientes. Les relations de la France avec
   l'Angleterre ont toujours relevé de la psychanalyse. Entre
   Guillaume Ier et Henri V, on n'a jamais su exactement
   laquelle des deux a conquis l'autre, et de Richard Cœur-de-

Lion à Jeanne d'Arc laquelle s'est émancipée. Même
aujourd'hui dans les querelles du camp occidental, l'Angle- 10
terre, nous le voyons bien, reste pour nous la tendre ennemie,
la complice inavouée à laquelle nous unissent des liens
indéfinissables mais indissolubles. L'Entente cordiale, battue
par les vents du large, menacée par les tempêtes, c'était aux
grands jours de la politique mondiale un pont large et solide 15
mais sur lequel on osait de moins en moins s'aventurer. Il
n'est pas surprenant qu'on lui ait préféré le tunnel, qui
symbolise sans doute le cheminement souterrain des amours
clandestines.

Robert Escarpit dans *Le Monde*, 9 février 1964
(© Le Monde – Opera Mundi)

[55]

La rue de la Huchette est tout d'abord large et banale. Et 1
il faut un effort pour imaginer ce qu'elle fut au douzième
siècle, un chemin traversant le vignoble qui s'étendait du
Petit Châtelet jusqu'à l'abbaye de Saint-Germain-des-Prés.
Bonaparte, général de brigade, habita le 10 en 1795. C'était 5
alors un hôtel meublé, 'au Cadran bleu'. Le futur empereur
paya sa chambre trois francs par semaine. Au numéro 11, se
tenait l'ancien Bouillon de la Huchette, appelé par Huysmans
'le café anglais des purotins'. La portion de viande y coûtait
quatre sous. En 1938, cette gargote devenait un bal musette 10
célèbre, le bal Bouscatel. Au numéro 23, une maison qui un
jour portera peut-être une plaque. Enfant, Charles Aznavour
y habita. Son père y tenait un restaurant russe. Puis la rue
s'étrécit. Cette fois, nous sommes bien dans le Paris Saint-
Séverin, dont un chroniqueur du seizième siècle disait qu'il 15
était le quartier des rôtisseurs, mais aussi des coupeurs de

bourses. De chaque côté de la ruelle, des échoppes. L'épicerie
Ali-Baba, l'Hédiard de la rive gauche. On y trouve toutes les
épices de l'Afrique. Delphe, une pâtisserie grecque. Chez
20 Kadour, un bazar où l'on peut acheter non seulement des
babouches brodées à la main et des lampes syriennes, mais
encore le khôl pour les yeux le meilleur marché de Paris.

Guillaume Hanoteau dans *Marie-Claire*,
janvier 1964

1 rue de la Huchette: rue célèbre du quartier latin. 4 le Petit
Châtelet: l'une des deux anciennes forteresses de Paris – l'autre,
le Grand Châtelet, était situé sur la rive droite. 8 Huysmans:
écrivain français (1848–1907). 10 un bal musette: local où l'on
danse à la musique d'accordéon. 12 Charles Aznavour: chanteur
populaire. 14 le Paris Saint-Séverin: quartier autour de l'église
Saint-Séverin. 18 Hédiard: magasin de la place de la Madeleine,
renommé pour ses fruits tropicaux.

[56]

1 C'est de l'Italie que la France apprit à composer ces jardins
dans lesquels les ressources des beaux arts se marient à celles
de la nature. Cet art consiste à soumettre le plan des jardins
à des formes symétriques et régulières, susceptibles de se
5 coordonner avec celles des bâtiments, et à créer artificielle-
ment certains effets qui ne sauraient exister dans la nature.
Ce système de composition des jardins prévalut en France
au dix-septième siècle; il est l'opposé de celui pratiqué par les
Anglais (qui l'avaient d'ailleurs emprunté aux Chinois) et
10 tendant à reproduire dans les jardins les accidents de la
nature et la variété que présentent les points de vue pittoresque de la campagne.

Encore que l'un de ces deux systèmes ne doive prévaloir à

l'exclusion de l'autre, on ne saurait contester l'effet grandiose
du jardin à la française, dans lequel l'intervention autoritaire 15
de l'architecture domine celle du jardinier, parce que ce
genre comporte un luxe et une richesse d'ornements qui ne
sauraient trouver place dans les jardins anglais : la régularité
des plans, la symétrie des lignes peuvent, seules, se prêter à
un tel emploi des statues, des vases décoratifs, des bassins, 20
tels que nous les voyons de nos jours dans les parcs qui
existent encore. N'oublions pas cet élément appartenant en
propre aux jardins à la française et les complétant, c'est-à-
dire ces terrasses multipliées, ces rampes, ces fontaines, ces
cascades et tous ces jeux d'eaux. Sans méconnaître l'apport 25
du genre italien à l'origine, nous ne trouvons qu'en France
des créations inégalées telles que : Meudon, Vaux, Chantilly,
Marly, Maisons, Saint-Cloud, Sceaux ; enfin, et surtout,
Versailles.

Pierre Gobion dans *Naturalia*, avril 1958

23 en propre: *in their own right*.

[57]

. . . Longtemps, j'épiai la grande tour du château où se   1
découpaient l'ombre jumelle des tours et les silhouettes
fantastiques des girouettes. Allais-je succomber à la peur,
si près du but ? Je m'exhortai tout bas et, me décidant
soudain, je franchis en quelques bonds les dix ou quinze   5
toises qui me séparaient du salon. La lumière du candélabre
brillait toujours, derrière la porte-fenêtre. Lentement, je
hasardai un regard, et un froid de glace se répandit dans mes
os. Ils étaient là, tous les trois. Mais ils n'occupaient pas la
même place. Ils avaient bougé. Parbleu ! Puisqu'ils avaient 10
fait une promenade dans le parc, puisqu'ils venaient seule-

ment de regagner le salon . . . Je crois que ce qui me sauva
fut un mouvement de colère, une saine réaction de la nature
généreuse que je tenais de mon père. J'entrai, sans barguig-
15 ner, dans la pièce.

– Me voici! dis-je . . . Muzillac!

Mes paroles retentirent d'une façon étrange dans le vide
du salon. Personne ne broncha. La flamme des bougies,
ébranlée par mon passage, se coucha; de grandes ombres se
20 déplacèrent autour de moi, et semblèrent animer, l'espace
d'un instant, les silhouettes rigides des trois Herbeau,
semblables à trois statues de marbre. Ils occupaient ces
mêmes bergères où je les avais vus la première fois. Mais
le baron s'était légèrement rapproché de sa femme. Il avait
25 reposé ses mains sur les accoudoirs; le cigare achevait de se
consumer dans un cendrier. La baronne avait, à sa portée,
une table basse sur laquelle était posée une corbeille à
ouvrage, un dé coiffait maintenant son doigt. Claire . . . mais
à quoi bon insister? Il est un silence à quoi le plus sceptique
30 ne peut se méprendre. Ces corps étaient, de toute évidence,
privés de vie, comme ces figures de cire qu'on voit en de
certains musées et que des ressorts cachés mettent quelquefois en mouvement, pour l'amusement des visiteurs. Mais
peut-être avais-je affaire à des mannequins d'un travail
35 merveilleux? A peine cette folle idée eut-elle traversé mon
esprit que je la repoussai avec dédain, et, pour imposer
silence à cet autre moi-même qui ne cessait de m'étourdir,
depuis une heure, avec ses spéculations insanes, obéissant
à je ne sais quel instinct de violence et de peur, je m'emparai
40 des ciseaux qui brillaient dans la corbeille et, d'un geste
rapide, visant la main du baron, je frappai. La lame atteignit
le pouce de la main droite et le coupa profondément. Une
sorte de sérosité brune apparut au bord de la plaie, où elle
se figea sur le champ, et un ricanement s'échappa, malgré
45 moi, de ma gorge. Le baron était tellement mort que son
sang était figé dans ses veines. Je pouvais bien m'escrimer,

72

frapper . . . je ne les arracherai plus, tous les trois, à leur
destin désormais révolu . . . .

Mes jambes se dérobaient sous moi. Je ne tenais plus
debout que par un prodige de volonté et le coup qui m'avait 50
entaillé le front commençait à me faire souffrir. Je lâchai les
ciseaux et traçai au-dessus des cadavres un signe de croix.
Puis, furtivement, je me retirai, incapable de penser, de
gémir, et si épuisé de corps et d'âme que je ne savais même
plus où j'allais . . . . Au moment où l'aube blanchit, derrière 55
les maisons du bourg, j'atteignis l'hôtel et, au prix d'un
suprême effort, réussis à me hisser jusqu'au balcon de ma
chambre. Je m'écroulai sur le lit et sombrai dans un sommeil qui ressemblait à la mort.

Boileau-Narcejac: *Au bois dormant* (© Denoël,
1956)

[58]

Le nord-est de l'Angleterre (Yorkshire, Durham) est plus   1
dur, plus positif, plus froidement intellectuel que le reste
du pays; le nord-ouest (Lancashire), plus 'celtique', plus
proche de l'Irlande, a plus de douceur, de chaleur, de
poésie. Mais dans ces deux régions, les rapports humains   5
sont beaucoup moins froids, beaucoup plus amicaux que
dans le sud; le nord-est lui-même, réputé plus dur, produit
ce type traditionnel: l'homme dont les manières brusques,
bourrues, cachent un cœur d'or. On n'est pas, dans cette
Angleterre, tenu à distance par une sorte de courtoisie in-   10
différente; on y est chaudement, cordialement accueilli. Les
enfants sont traités avec plus d'affection, les liens familiaux
sont plus étroits. Les rapports humains sont moins forma-
listes, moins fondés sur la réserve et la peur d'autrui. Le

15 nord, d'une façon générale, ne semble pas craindre tout ce
dont le sud se protège : il ne craint pas les grands mots et les
grandes idées et ne pratique pas l'*understatement*, il ne craint
pas les grosses plaisanteries, le gros rire, et les comiques les
plus populaires du music-hall sont des gens du nord. On
20 travaille dur dans le nord, que ce soit à Manchester, ville du
coton, et dans le grand port de Liverpool pour le Lancashire,
ou à Sheffield, ville de l'acier et dans les grands centres
industriels de Leeds et Bradford pour le Yorkshire, mais
l'énergie va de pair avec la joie de vivre. Manchester
25 'plonge dans sa vie quotidienne comme un homme qui
chante dans son bain', et la jeunesse y danse avec un entrain
remarquable. Et c'est de toute cette région qu'on va faire
éclater son besoin de joie dans la fameuse station balnéaire
de Blackpool (Lancashire), foire bruyante, échevelée, ker-
30 messe de Rubens où résonnent les cris, les hurlements, les
fous rires, une gaieté tapageuse d'hommes et de femmes
souvent corpulents, amis d'une gastronomie plantureuse.
Que nous sommes loin du sud austère, frugal, surveillé, dis-
tingué, respectable !

Jean Bailhache: *Grande-Bretagne* (Editions
du Seuil, collection Petite planète, 1960)

24 va de pair avec: *goes together with.*

[59]

1 Le garçon apporta deux filtres qui nous firent enrager, car ils
étaient trop serrés, et le café ne passait pas. Nous les des-
serrâmes en nous brûlant les doigts ; tout fila d'un coup, ce
qui produisit une fade tisane, si chaude que, quand j'y portai
5 les lèvres, je faillis la recracher.

Moi: Quelle cochonnerie que ces filtres! Il faudrait voter une loi les interdisant sur tout le territoire. Garçon, garçon!

Le Garçon: M'sieu?

Moi: Vous n'avez que des cafés-filtres? Vous n'avez pas un honnête percolateur qui fabrique un honnête espresso? 10

Le Garçon: Non, Monsieur. On n'a que du filtre. Y a que ça qui fasse du bon café.

Moi: Préjugé! Légende! Le filtre est un instrument gallo-romain. Regardez: mon café, c'est de la lavasse. Le filtre 15 ne fonctionne jamais. Il ne sert qu'à donner des crises de nerfs aux clients.

Le Garçon: Faut enlever le couvercle, et faire ventouse avec la main.

Moi: Merci, je connais. 20

Lui: Garçon, donnez-moi donc un rhum.

Le Garçon: Un rhum, un!

Lui: Fous-nous la paix avec ton café. Attends qu'il refroidisse et bois-le. Ce ne sera pas le premier mauvais café que tu boiras, ni le dernier. Nous avons à nous occuper de choses 25 plus importantes.

Moi: C'est vrai. Mais avoue que le filtre est un truc impossible. Il n'y a qu'en France que cet instrument de torture existe.

Lui: Bon, et après? 30

Jean Dutourd: *Les horreurs de l'amour*
(© Gallimard, 1963)

1 filtres: tasses avec filtres individuels réglables pour passer le café. 12 y a que: il n'y a que. 23 fous-nous la paix avec ton café (*vulgar*): *shut up about your coffee.*

1 Les entreprises publiques ont de lointaines origines en
France. Au dix-septième siècle, Colbert instituait les Manu-
factures de Porcelaine de Sèvres et de Tapisseries des
Gobelins. Les tabacs font l'objet de monopoles d'Etat depuis
5 1674, et leur organisation actuelle résulte d'un décret
napoléonien de 1810. L'année 1871 a vu créer la Compagnie
des Chemins de Fer de l'Etat, qui reprenait les lignes entre
la Loire et la Garonne déficitaires, et dont aucune des
grandes compagnies ne voulait assurer l'exploitation. Toute-
10 fois, la création du secteur public actuel résulte essentielle-
ment de deux grands mouvements de nationalisation, l'un
un peu avant la seconde guerre mondiale, l'autre juste
après.

En 1937, les compagnies ferroviaires qui, depuis plusieurs
15 années, devaient recourir aux subventions gouvernementales
pour assurer leur équilibre, fusionnèrent pour former la
S.N.C.F., où l'Etat détient la majorité des actions avec 51%
de celles-ci. A la même époque, furent nationalisées plusieurs
grandes entreprises aéronautiques. Enfin, on peut rappeler
20 que dès 1933 l'Etat occupait une situation prépondérante
dans la Compagnie Générale Transatlantique.

Avec la libération du territoire en 1944, s'ouvrait l'ère
des grandes nationalisations. L'ordonnance du 13 décembre
1944 créait et organisait provisoirement les Houillères du
25 Nord et du Pas-de-Calais. En 1945 et 1946, se succédèrent
une série de textes nationalisant un grand nombre d'entreprises dans les secteurs de l'énergie, des transports et des
banques. C'est ainsi que furent créés in 1946 Electricité de
France, Gaz de France et les Charbonnages de France,
30 établissements publics à caractère industriel et commercial.
En 1945 furent nationalisées la Banque de France et quatre

principales banques de dépôt. En 1948, la Compagnie
nationale Air-France succéda à l'ancienne Société Air-
France. Enfin, diverses autres entreprises furent nationalisées
dans des secteurs variés, notamment les usines Renault. 35

Le premier mouvement de nationalisation, juste avant la
guerre, était provoqué par le désir du gouvernement de
contrôler plus étroitement soit des entreprises bénéficiant de
subventions, soit des entreprises travaillant directement
pour la défense nationale. Au contraire, la seconde vague 40
d'après-guerre était inspirée par une conception économique
beaucoup plus précise, visant à mettre sous le contrôle direct
de l'Etat les grands secteurs de base de l'économie.

> Pierre et Monique Maillet: *Le secteur public
> en France* (Presses Universitaires de France,
> 1964)

1 les entreprises publiques: *state-controlled companies*. 2 Colbert
(1619–83): contrôleur général des finances sous Louis XIV.
4 Gobelins: teinturiers de Reims qui s'installèrent à Paris au quinz-
ième siècle – l'établissement portant leur nom devint manufacture
royale en 1667. 8 déficitaires: en déficit. 14 ferroviaires: du chemin
de fer. 17 S.N.C.F.: Société Nationale des Chemins de fer Français.

[61]

Dakar. Je me suis levé de bonne heure afin de reprendre 1
contact avec la ville. Des autos se reposent, au long des
trottoirs, de leur fatigue de la journée. A des balcons, pend
du linge que secoue le vent réveillant tout sur son passage.
Un chat dans la rue me regarde. Me reconnaît-il ? Un chien 5
aboie. Je suis pour lui un étranger. A cette heure tout le
monde dort encore et j'ai l'air de venir troubler le sommeil
des maîtres. A chaque pas, des foules de souvenirs jaillissent

en moi. Chaque maison, chaque poteau que j'ai pu poser,
10 chaque arbre, me tient un langage, m'entraîne dans le passé.
Un nouveau bruit s'est ajouté aux bruits anciens, le bruit des
climatiseurs. L'Européen transporte maintenant avec lui
non seulement ses habitudes, mais son climat. A côté des
buildings, bâtisses modernes, visage futur de Dakar,
15 demeurent encore des petites villas coquettes bâties pour
un ou deux ménages et possédant cour et jardin. Et j'écoute
les bruits et je suis le réveil de cette capitale en évolution,
image de notre propre évolution, une génération succédant
à une autre avec de nouvelles idées comme de nouvelles
20 maisons succèdent aux anciennes demeures. Et tout semble
crier 'Progrès, progrès!'.

Un boy se rend au travail, une auto démarre. Les coqs
redoublent leur appel comme pour dire: 'Levez-vous,
hommes de peu de courage, le Progrès ne vous attendra pas.
25 Il se lève avec le soleil et se couche avec lui.'

. . . Devant moi, le building administratif, une ruche. Des
ascenseurs dans lesquels les gens s'engouffrent. La mécani-
sation commence. A chaque étage, son flot d'hommes.

Me voici à Yoff. Les formalités remplies, je fais les cent
30 pas dans un hall bruyant où je me sens seul, ne connaissant
aucune des personnes que je croise.

Fait étrange, je ne suis plus pressé; en moi, le calme qui
précède les évènements importants. Je ne réfléchis même
plus. Je fais les cent pas, machinalement, pendant que des
35 avions se pressent et s'envolent. Enfin notre tour. J'attendais
cette phrase que le micro annonce: 'Les passagers pour
Paris . . . ' Les gens nous regardent nous précipiter sur le
terrain. Oui, moi aussi, je pars pour Paris, Messieurs!

Bernard B. Dadie: *Un nègre à Paris* (Présence
Africaine, 1959)

29 Yoff: l'aéroport de Dakar; je fais les cent pas: *I walk up and down.*

Mon père avait cru qu'un agrégé planait au-dessus des lois. 1
Maintenant il découvrait qu'il devait attendre sa nomination,
comme un facteur.

Sur la carte de France du calendrier des Postes il pointait
avec un crayon les lycées où on devrait me nommer. Il les 5
choisissait autour du Lot-et-Garonne, Auch, Montauban,
Cahors, Périgueux . . . .

Il n'osait pas porter son crayon au-delà. A Tulle, à
Aurillac, j'étais déjà dans le Nord. Quant au reste de la
France, il était pour lui comme la Chine. Il l'avait connu 10
jadis, quand il faisait son Tour de France de mécanicien.
Mais depuis son mariage et la fin de la guerre de 1914, il
n'avait plus bougé. Au-delà de la Garonne, des Causses et
du Massif Central, s'étendait un territoire fabuleux, découpé
en départements par quelque géomètre, comme aurait pu 15
l'être l'empire de la Lune. Là vivaient des gens qui, du côté
de la Méditerranée, étaient déjà des Italiens, près des Alpes
déjà des Suisses, près des mines de charbon du Nord déjà
des Belges. Les premiers se nourrissaient de macaroni, les
seconds de lait Nestlé, les troisièmes buvaient de la bière. 20

Si j'étais assez ingrat pour aller vivre chez ces gens-là je
cessais d'être son fils. Je devenais un personnage abstrait,
happé par l'Etat.

'Et qui va laver ton linge?' dit ma mère.

J'avais terminé mes études, et conquis un des grades les 25
plus élevés de l'Université. J'étais libéré de mes obligations
militaires et prêt pour la vie. Mais un cordon ombilical
m'attachait encore à ma mère: mes chemises.

Paul Guth: *Le naïf aux 40 enfants* (Editions
Albin Michel, 1955)

1 un agrégé: quelqu'un qui, après un concours, est admis à
enseigner dans un lycée ou dans certaines facultés. 11 son Tour de

France de mécanicien: autrefois, les apprentis, afin d'élargir leur expérience, voyageaient autour de la France. 13 des Causses: nom donné aux plateaux calcaires sur le versant sud-ouest du Massif Central.

[63]

1 Nous ne pouvons, personne, dans l'Univers entier, ne peut imaginer Paris sans la tour Eiffel. Elle est devenue le symbole de la capitale, l'emblème, presque, de la France. Il n'existe sans doute pas, depuis que le monde est monde, de monu-
5 ment aussi souvent reproduit, photographié, peint, dessiné, taillé, modelé en façon de bibelot, célébré, chanté de mille façons. C'est elle que l'étranger, le provincial cherche en débarquant, elle qui, de loin, par-dessus les plaines, annonce l'arrivée prochaine, elle qui, la première, accueille et reçoit
10 au nom de la ville. Comment croire qu'elle ait cinquante ans à peine, qu'elle n'ait pas toujours été là, gardienne de Paris ? Laide ? peut-être bien, mais qui pourrait dire qu'un visage aimé est beau ou ne l'est point ? L'amour ne s'attarde pas à ces distinctions et quel Parisien, quel Français, si loin qu'il
15 vive de la capitale, n'aime la tour Eiffel ? Elle fait partie de notre patrimoine. Souhaitons que personne ne se risque à nous l'enlever . . . .

Je me rappelle pourtant avec quelle méfiance apeurée nos parents parlaient de cette grande carcasse de trois cents
20 mètres, qu'on bâtissait pour l'exposition de 1889. Les journaux illustrés montraient les échafaudages démesurés par-dessus lesquels pointaient les montants de fer. Je rêvais devant ces images et j'entendais les exclamations: 'Ils sont fous, ma parole. Paris va être déshonoré. Heureusement,
25 ajoutait mon père, ce ne sera pas long, l'affaire de quelques mois: dès l'Exposition terminée, on démolira cette horreur.'

Elle a bien failli être mise à bas, la tour tutélaire au pied de laquelle la vie bruit. Elle est devenue amicale, protectrice ; le vœu de tous a été exaucé, la tour est restée dans le ciel de Paris et, de là-haut, nous regarde vivre. 30

Robert Burnand: *La vie quotidienne en France de 1870 à 1900* (Hachette, 1947)

[64]

Musicalement, ce qu'ils chantent est nouveau. Ce n'est ni 1
du rock pur, ni du twist d'origine. C'est une adaptation par 'l'école Liverpool' du 'Rhythm and Blues' apporté par Ray Charles. Ce n'est ni sauvage ni exacerbé et rien apparemment n'incite au délire dans les créations des Beatles. C'est 5
soigné, rigoureux, et le critique musical le plus digne d'Angleterre, celui du *Times*, s'est penché sur leurs œuvres avec beaucoup de bienveillance.

C'est en scène qu'il faut étudier de plus près le phénomène Beatle, c'est là que ce groupe est différent de tous 10
les autres. Devant la rampe un Beatle résiste à tout : aux hurlements, aux sonos qui pourrissent, aux micros en godille, aux vagues d'assaut.

Esprit sportif. Sens de l'amitié. Sens de l'humour. Sur ces trois piliers immuables repose la gloire des Beatles. 15
Quand ils entrent en scène on sait déjà qu'ils ne ressemblent pas aux autres, qu'ils ne se ressemblent pas entre eux. Jusque là un groupe n'avait pas de visage. Là ils sont quatre, mais à compter un par un. Chacun a son nom, sa personnalité, ses manies. Ce sont quatre garçons toujours 20
égaux, qui s'amusent visiblement, heureux de vivre, d'être là et qui savourent la situation sans la prendre trop au sérieux.

La longue frange soyeuse au ras des sourcils, qu'ils lavent
25 chaque matin et peignent cent fois par jour, leur est
commune, ainsi que cette terreur des fronts nus. ('C'est
indécent,' protestent-ils.) Mais hors cette particularité et
le choix identique de leur costume, rien ne ressemble moins
à un Beatle qu'un autre Beatle et chacun a ses raisons
30 propres d'être idolâtré.

Juliette Boisriveaud dans *Candide*, 16 janvier
1964

2 d'origine: *authentic*. 4 exacerbé: *tortured*. 12 aux sonos qui pourrissent: aux amplificateurs défectueux; aux micros en godille: aux
microphones qui fonctionnent d'une manière intermittente.

[65]

1 Est-il possible de construire des logements comme on
fabrique des automobiles ? Peut-on appliquer à la construction les méthodes qui ont permis aux industriels de produire
des millions de voitures à des prix de revient de plus en plus
5 bas ?

De nombreuses expériences de préfabrication et de
rationalisation des travaux du bâtiment ont déjà porté des
fruits intéressants depuis quinze ans. Une nouvelle illustration en est donnée par une société immobilière qui participe
10 à l'édification du 'grand ensemble' de Massy-Antony, à une
dizaine de kilomètres de la capitale.

Les façades des immeubles sont construites en usine à
La Rochelle, apportées sur place par la route, comme de
banales marchandises, et assemblées à la façon d'un Mec-
15 cano. Les surfaces de chaque étage et les murs latéraux des
immeubles sont constitués par des dalles de béton, coulées

sur place comme des gaufres géantes. L'usine qui les produit disparaîtra avec le chantier.

Chaque panneau contient un certain nombre de trous, de gaines et d'encoches. Au fur et à mesure des travaux, sont 20 mis en place (toujours les mêmes objets, toujours les mêmes gestes) les fils électriques, les conduites d'eau, de gaz, les portes, les baignoires et lavabos. Aucun plombier, aucun électricien, aucun menuisier. Tout s'emboîte.

Il ne s'agit pas encore de travail à la chaîne, ni à l'usine 25 de La Rochelle ni sur le chantier de Massy-Antony. Mais la méthode est industrielle : on retrouve la fabrication d'un ensemble à partir d'éléments simples fabriqués en série puis assemblés, la répétition des gestes, la spécialisation des tâches, l'uniformité. 30

Un logement est ainsi fabriqué en huit cents heures, alors qu'il en faut habituellement mille cinq cents pour des entreprises traditionnelles bien équipées. Le prix de revient du logement est abaissé d'environ trente pour cent, estime l'architecte. Mais il ne représente qu'un peu plus de la 35 moitié du coût total, qui comprend le terrain, la voirie . . . .

L'usine de La Rochelle fabrique des panneaux de façades pour six logements par jour. Il lui faudrait atteindre le rythme quotidien de trente logements (soit environ dix 40 mille par an) pour tirer tous les avantages possibles de l'industrialisation : abaissement du coût, amortissement des sommes consacrées aux équipements, à la recherche . . . .

Si le résultat de l'expérience de Massy-Antony est 45 satisfaisant pour l'intérieur des appartements bâtis (isolation, équipement, confort, surface habitable), il reste hélas assez laid quant à l'aspect extérieur. Mais la construction par grandes séries devrait permettre précisément de consacrer des sommes importantes à la recherche, pour 50 perfectionner et embellir les immeubles. L'ennui naîtra peut-être de l'uniformité, le jour où un logement sur trois ou quatre sera construit de la sorte. Nous en sommes encore très loin.

Alain Vernholes dans *Le Monde*, 6 avril 1966
(© Le Monde – Opera Mundi)

9 société immobilière: *development company*. 10 grand ensemble: *comprehensive housing scheme*. 18 chantier: *site*. 20 au fur et à mesure des travaux: à mesure que les travaux progressent. 33 entreprises: *firms*. 37 voirie: l'ensemble des voies d'accès. 46 isolation: *sound-proofing*.

[66]

1 Tout au long de la côte se déploie une magnifique forêt domaniale grâce à laquelle l'homme arrêta au siècle dernier la marche des sables. Parmi ces boisements de pins, propres et bien tenus, coupés de larges pare-feu indifférents au
5 relief, c'est un plaisir, tant ils sont en harmonie avec la nature, de découvrir au tournant d'une piste les rustiques pavillons où vivent les gardes forestiers ou les humbles cabanes de planches des résiniers. La côte est sauvage et n'offre nul abri au navigateur: les 'rouleaux' qui la balaient
10 sans trêve forment une 'barre' dangereuse. Les stations balnéaires, Biscarosse, Mimizan, Contis, Vieux-Boucau, qui blottissent leurs villas derrière la grande dune, paraissent comme perdues dans cette immensité. Au Sud, Capbreton, qui se souvient d'avoir armé pour la pêche lointaine et vu
15 passer l'Adour sur ses terres, s'est donné un nouveau visage pour accueillir les estivants; Hossegor disperse dans les pins et au bord de sa lagune ses élégantes maisons de style basque ou landais. Le site de ces stations landaises, la salubrité de leur climat, la qualité de l'air marin que tamisent

les pins, y attirent chaque année davantage les gens des 20
grandes villes.

> Louis Papy: *Les Landes* (Editions Delmas,
> 1959)

2 domaniale: qui appartient au domaine public (*state forest*). 4 pare-
feu: dispositif spécial pour empêcher la propagation d'incendies.
8 résiniers: personnes qui récoltent la résine. 9 rouleaux: *breakers*.
10 barre: ligne de déferlement près de certaines côtes lorsque la
houle se brise sur les hauts-fonds. 15 l'Adour: fleuve du sud-ouest
de la France dont le régime est très irrégulier entraînant crues et
déplacement de lit. 18 landais: de la région des Landes.

[67]

J'entendis soudain un pas derrière moi, au milieu des   1
voitures, et je regagnai mon refuge, contre le sol. Un homme
bougeait derrière les roues. Je connaissais ces souliers ternis
par l'eau et le charbon, ce pantalon de toile noire: c'était le
fils du maréchal. Il circulait avec agilité entre les charrettes,   5
sautait par-dessus les brancards. Il découvrit assez vite la
femme du boulanger. Entendant quelqu'un venir, elle
s'était immobilisée, le dos contre une roue.

Je n'entendis pas leurs paroles. Parlaient-ils seulement?
Ils se tenaient, l'un en face de l'autre, leurs jambes se   10
touchant. Le fils du maréchal avait posé ses mains sur les
hanches de la femme. Elle serrait, derrière elle, deux rayons
de la roue. Au bout de quelques instants, la femme oscilla
doucement et la roue tourna un peu en crissant dans la terre.

Quelqu'un se mit à appeler, assez loin derrière l'en-   15
chevêtrement des voitures. C'était le boulanger qui s'in-
quiétait de ne pas voir sa femme revenir. Il l'appelait par son
prénom. Elle s'appelait Simone. La voix était autoritaire

et plaintive à la fois. Simone et le fils du maréchal, les jambes
20 confondues, semblèrent peser plus fort contre la roue de la
charrette qui, de nouveau, bougea un peu.

Etaient-ils sourds, inconscients du péril ? Non, ils venaient
de se séparer, l'espace d'une seconde, pour écouter et si, de
nouveau, ils se serraient l'un contre l'autre, c'était sans
25 doute pour ajouter à leur plaisir ce frémissement étrange,
cette angoisse atroce et voulue que je connaissais à l'instant
d'être découvert, quand je jouais aux gendarmes et aux
voleurs avec mes camarades, et que j'éprouvais maintenant
avec eux. Je devinais qu'ils demandaient à la peur de se
30 sentir, l'un contre l'autre, nus.

Pierre Gascar: *Soleils* (© Gallimard, 1960)

[68]

1 Il n'y a pas, en France, de Pompéi, d'Herculanum ou
d'Ostie, de Djémila ou de Timgad. Aucune 'ville morte' ne
subsiste qui puisse nous donner une image un peu complète
d'une cité à l'époque romaine. Nos cités de l'antiquité ont,
5 en effet, continué à vivre, plus ou moins intensément, au
cours des siècles remodelant constamment leur visage,
détruisant ou enfouissant les vestiges du passé.

Il est même singulièrement mélancolique de constater
qu'il ne reste aucun vestige antique dans des villes jadis
10 puissantes et parées d'admirables monuments. C'est le cas de
Narbonne. On ne peut même pas dire où s'élevait le capitole
en marbre de Paros qui, au dire d'un poète du bas empire,
pouvait rivaliser avec celui de Rome. Et l'énorme forum ? Et
les temples nombreux, les thermes, le théâtre, l'amphi-
15 théâtre ? Tout a disparu, ne léguant que de pauvres épaves
entassées dans un musée. De Lyon, magnifique métropole

des Gaules, il ne subsiste que ses deux théâtres, révélés ces dernières années. Arles a eu plus de chance, gardant son théâtre, ses arènes, une partie de ses thermes et ses étonnants 'cryptoportiques', dont j'ai parlé plus haut. Egalement, Vienne, qui a conservé de précieux monuments. Mais c'est Nîmes qui a gardé l'ensemble le plus important de monuments : théâtre, arènes, la Maison Carrée, le temple de Diane, la mystérieuse 'tour de Magne', deux portes de ville, et, aux environs, le 'Pont du Gard'. Pour avoir une vision générale de la Gaule romaine, il faut glaner des images à travers tout le pays. La Provence offre évidemment le plus de séquences, comme on dit en style de cinéma. Mais elle ne suffit pas. Retrouver la France antique, c'est visiter la France entière.

Grâce à des fouilles entreprises sur une vaste échelle et qui sont poursuivies méthodiquement, deux villes antiques resurgissent à nos yeux : Vaison-la-Romaine et Glanum, aux abords de Saint-Rémy-de-Provence. Ce sont deux promenades archéologiques pleines d'agrément et singulièrement évocatrices, bien que les dégagements n'aient encore porté que sur des superficies limitées.

Ce fut une ville opulente que Vaison, vieille cité des Vocondes, peuplée de riches familles patriciennes, qui fournirent notamment le précepteur de Néron et un historien, Trogue Pompée. Les fouilles, entreprises il y a cinquante ans, puis menées très activement entre les deux guerres par le chanoine Sautel, ont permis notamment d'exhumer le théâtre et deux somptueuses maisons d'habitation comparables aux plus belles demeures de Pompéi : la 'maison des Messii' et celle dite du 'Buste en argent', ainsi nommée en raison du buste qui y fut découvert en 1924. Vastes atriums, péristyles, grandes salles de réception et d'habitation, mosaïques et riches sculptures, donnent une excellente idée de ces décors luxueux dans lesquels se confinaient les grandes familles gallo-romaines. Les fouilles continuent, mais sont rendues difficiles par l'occupation des terrains sous lesquels gisent les ruines.

A Glanum, le chantier s'amplifie d'année en année sous la
55 direction du grand archéologue Henri Rolland. Qui ne connaît ce site étalé au pied des Alpilles, à la sortie d'un vallon dominé par des pentes rocheuses piquetées de pins et d'arbustes méditerranéens, dans un paysage qui ravissait Van Gogh ? Les deux admirables monuments des 'Antiques'
60 montent là une garde séculaire, mais, avant leur construction à l'aube de notre ère, les Grecs de Marseille avaient déjà poussé des antennes dans ces lieux, en faisant un point avancé de négoce aussi bien qu'une ville d'agrément, y implantant des architectures hellénistiques.

65 Dans ce site aimable, à l'entrée des Alpilles, les Grecs se rencontraient avec les Gaulois ; puis vint l'apport massif des Romains, qui complétèrent la ville, la retracèrent sur un plan grandiose, la dotèrent de beaux monuments. Je ne décrirai pas ici les ruines de Glanum. Que d'évocations à
70 travers ces rues qui ont conservé leur dallage, devant ces murs puissants et ces colonnades élégantes, devant ces frontons et ces beaux vestiges portant le témoignage conjugué de la Grèce et de Rome sur une terre gauloise dont la vivacité n'a cessé de s'affirmer !

Henri-Paul Eydoux: *La France antique* (Plon, 1962)

20 cryptoportique: sorte de galerie voûtée qui permettait de circuler par temps mauvais. 36 dégagements: *work of clearing*. 48 atrium: cour intérieure dans les habitations romaines. 54 chantier: *site*. 56 les Alpilles: petit massif montagneux de Provence. 60 séculaire: âgé de plusieurs siècles.

Il ne s'agit plus de ce qui pouvait sembler fondamental 1
au théâtre : éclairer un décor ; on ne veut plus le faire vivre :
le décor devient 'sans âme', hors du temps, hors de tout
lieu.

Ainsi la fuite devant le temps d'*En attendant Godot*, 5
course contre l'ennui, ne peut avoir un cadre :

POZZO : Où sommes-nous ?

VLADIMIR : Je ne sais pas.

POZZO : Ne serait-on pas au lieu dit la Planche ?

VLADIMIR : Je ne connais pas. 10

POZZO : A quoi est-ce que ça ressemble ?

VLADIMIR [*regard circulaire*] : On ne peut pas le décrire. Ça
ne ressemble à rien. Il n'y a rien. Il y a un arbre.

Route à la campagne avec un arbre – et lui seul vit, –
jamais l'endroit ne peut être familier. Et cette souveraine 15
abstraction, cet espace vide de Beckett, trouve son équivalent dans les murs clos de Ionesco : intérieur bourgeois
anglais, cabinet de travail, intérieur petit bourgeois, une
modeste salle à manger-salon-bureau, une pièce nue sans
aucun meuble, font ressortir la même pauvreté, la même 20
incommunicabilité. Chaque élément est élevé à la hauteur
d'un type : c'est non pas une, mais La chambre, Le bureau,
La place publique qui sont décrits ou plutôt imposés. Rien
de plus significatif que ces quelques indications d'Adamov
en tête de *La Parodie* : 'Donner l'impression du noir et 25
blanc . . . la mise en scène doit susciter le dépaysement. Le
décor ne varie pas dans sa composition essentielle, mais
seulement dans la disposition de ses différents éléments. Il
présente les mêmes choses sous des angles de vue différents.'
Dépaysement, refus du familier, le décor ne doit parler que 30
par ses silences. Toute complaisance n'est refusée que parce

que le décor assume une fonction particulière par rapport à la parole.

André Muller dans *Théâtre Populaire*, mai 1956

[70]

1 Notre critique ne s'adresse ni au fait ni à l'efficacité de la technique occidentale comme facteur essentiel de modernisation ni à la valeur ni à la beauté de la culture française comme véhicule de civilisation. Nous nous élevons contre
5 la malfaisance d'un système, contre ses manœuvres et sa prétention de conférer à toutes les nouveautés introduites dans notre vie et sur notre sol une vertu corrosive, une signification criminelle, celle d'étouffer, celle de tuer en nous ce que nous avons de plus précieux, de plus authentique,
10 ce qui fait l'élément intime de notre essence.

Le Malgache n'est pas anti-français. Le Malgache veut seulement que le Français ne soit pas anti-malgache. Cela veut dire très exactement ceci: ne faites pas une condition de notre admiration pour la France notre trahison de nous-
15 mêmes. N'exigez pas de nous de faire de notre attachement à la France le prix de notre infidélité à Madagascar. Madagascar est notre patrie. Madagascar est à nous. Sa présence doit nous remplir comme vous remplit celle de la France. Sa présence doit s'épanouir en nous, épanouis nous-mêmes en
20 elle sous l'action de son soleil intérieur comme du grand soleil de son ciel.

Ma conviction est absolue. Quand la France n'évoquera plus à nos yeux, dans notre chair et dans notre âme, la réalité du canon, le synonyme de la mitrailleuse, de la
25 prison, de l'exil, elle sera aimée d'un amour sans réserve. Débarrassée du masque cruel de la domination, la France offre parmi les nations un visage trop beau, un visage trop

riche de valeurs humaines pour ne pas occuper dans le cœur de tout homme libre une place de choix, une place d'honneur. 30

Jacques Rabemananjara dans *Présence Africaine*, février-mars 1957

[71]

Le peuple italien est le seul peuple que je connaisse, qui soit 1
réellement et totalement matérialiste, sans distinction de classe ni de profession. La morale, les sentiments, les idées, l'art, tout cela, c'est le domaine des grands mots, des grands mots respectés. La meilleure preuve que les Italiens actuels 5
ne s'intéressent pas à l'art, c'est qu'en présence d'un tableau, ils méprisent toute remarque de détail, toute analyse précise et technique. Cela ne fait pas assez noble. Le commentaire doit être rhétorique, porter sur l'espèce humaine tout entière. *Bello. Bellissimo. Questa profondità, quest'ar-* 10
monia, questa disperazione, intuizione, sublime, etc. Refuser d'employer de grands mots, c'est être insensible, sec. J'ai souvent noté l'incapacité des gens 'cultivés', en Italie, de s'exprimer autrement que par formules générales, lieux communs, intégralement développés, mille fois rebattus et 15
qu'ils débitent comme s'ils les inventaient sur le moment. Ils manquent du sens du détail complexe, de la formule brève, qui fait sentir plusieurs choses ensemble. Personne ne croira que vous pensez profondément si vous ne criez pas très fort. La plaisanterie, l'ironie provoquent un silence total 20
et la stupéfaction, à moins que vous ne preniez la précaution d'ajouter aussitôt: 'Scherzo' ('je plaisante'), en pointant l'index vers le ciel.

Je parle là des intellectuels. Le peuple italien, lui, est très

25 simple. Peu de besoins psychologiques. Distractions: le
calcio (football) et les engins automobiles, surtout les
motocyclettes. Encore un point commun avec l'Amérique,
cette passion italienne pour la mécanique. ... Tout le
30 dimanche après-midi, les jeunes hommes tirés à quatre
épingles, couverts de brillantine, le pantalon collant, les
souliers pointus, restent sur la place de leur village ou de leur
quartier avec leurs motocyclettes. De temps à autre, fréné-
tiquement, ils bondissent en selle et démarrent en faisant le
35 plus fort possible pétarader le moteur (il suffit, pour cela,
d'accélérer brutalement en restant en seconde; ici, les motos
munies de silencieux seraient invendables), font le tour de la
place à une allure de course et reviennent s'immobiliser
brutalement au point de départ. J'ai assisté en quelques
40 années à un processus de divinisation progressive de la
motocyclette: on ne la sort que le dimanche, pour pétarader
autour de la place. Pour les jeunes hommes, la motocyclette tient, en quelque sorte, lieu de maîtresse.

Le dimanche après-midi, tous ceux qui ne font pas de
45 moto regardent la retransmission du match de foot, la
partita, à la télévision, par grappes humaines agglutinées
près d'une fenêtre derrière laquelle se trouve un poste; ou
serrés, debout, dans un café.

Quelquefois, le soir, on voit dans la rue des groupes de
50 cinq ou dix hommes qui crient tous ensemble, rouges,
vociférants, congestionnés, surexcités, se tiraillant mutuelle-
ment leurs boutons, ou leurs revers de veste pour tâcher,
par ce geste, de se forcer les uns les autres à s'écouter. On
croit tout d'abord à une bagarre, à un début de manifestation
55 politique. Pas du tout: ils discutent la *partita* du dimanche
précédent.

Jean-François Revel: *Pour l'Italie* (Julliard, 1958)

31 collant: *tight*. 36 en seconde: *in second gear*. 46 *partita*:
partie.

... Et la demie de neuf heures, qui tinte au clocher du bourg   1
avec un accompagnement de sonneries à répétition, a
l'allégresse de ces oiseaux blancs qu'on lâchait jadis à
certains jours de fête en signe de réjouissance.

Le ciel se nettoie vite. Et c'est un beau matin d'été qui se   5
lève, frais encore, mais d'une lumineuse transparence, quand
le petit vapeur annonce son arrivée par un déchirant appel
de sirène.

Il entre à peine dans le port. Le seuil passé, il vire, fait
lentement un tête-à-queue en crachant de la fumée, puis 10
s'immobilise à quelques brasses du môle.

Alors, la barque emplie du grouillement rose des petits
cochons déborde, et s'en va vers lui à force de godille. A sa
remorque, une vache nage. Trois hommes l'ont jetée à l'eau
tout à l'heure, d'une vigoureuse poussée, malgré les pro- 15
testations véhémentes de la pauvre bête, qui mugissait, les
naseaux levés, comme pour prendre le ciel à témoin de sa
détresse . . . . Les procédés d'embarquement restent ici
d'une brutale simplicité. La malheureuse vache s'escrime
des quatre pattes dans l'eau, s'efforçant à suivre l'embarcation 20
où on l'a liée par les cornes. Quand son ardeur se ralentit et
que son poids gêne le mouvement de la barque, un grand
coup d'aviron sur l'échine la rappelle au sentiment de ses
devoirs.

Pour les passagers à deux pieds, une vedette automobile 25
les vient cueillir au seuil de l'embarcadère, et les mène en
quelques instants à la coupée du navire, où les matelots les
hissent sur le pont à force de bras.

Yvonne Pagniez: *Ouessant* (Flammarion, 1965)

13 déborde: *shoves off.*

93

Au mieux, il a fallu un peu plus de trois heures pour venir
de Paris. La voiture tourne à droite dans Colombey, grimpe
à flanc de coteau. Le portail de la Boisserie s'ouvre: on est
attendu. Quelques tours de roue encore et c'est le perron. La
5 résidence est petite, assez peu engageante. Ce n'est pas
Chambord, Chenonceaux ou Rambouillet. La propriété
classique de l'officier en retraite qu'une tour sans style permet de baptiser château.

Dans le salon, Mme de Gaulle laisse un instant son tricot
10 pour accueillir les arrivants. Elle s'enquiert de l'état
de la route, parle du temps, du général aussi. Les aiguilles
ont repris leur va-et-vient, la pendule sur la cheminée tourne
doucement. A 13 heures précises, deux portes s'ouvrent
presque en même temps. A droite, celle du cabinet du
15 général, qui serre les mains, nommant chacun avec un 'content de vous voir ici' ou un 'merci d'être venu' de ton fort
classique. A gauche, celle de la salle à manger. Si un temps
mort s'offre avant qu'on annonce que 'Madame est servie',
le général s'enquiert de l'état de la route, parle du temps, de
20 lui-même aussi. Il ne s'assoit pas. On passe tout de suite à
table.

Hors d'œuvre. Silence. Un audacieux engage la conversation avec Mme de Gaulle qui donne volontiers la réplique.
On parle de l'état de la route, du temps. Au mieux, le
25 général émet quelques grognements approbateurs.

Rôti. Silence. Ici l'audacieux se lance. Il se tourne carré-
ment vers le général, tousse pour s'éclaircir la voix et joue
son va-tout: 'Beau temps, n'est-ce pas mon général?', (ou:
'Fichu temps . . .'). Habituellement, la question demeure
30 en suspens. L'audacieux persévère donc ou plutôt réitère:
'Beau temps pour la promenade, n'est-ce pas, mon général?'

Alors lui, agacé: 'Sachez, mon cher, que je ne me promène jamais.' Silence.

C'est au cours d'un de ces déjeuners qu'un dirigeant du R.P.F. qui avait la réputation de trop goûter parfois les bons 35 vins s'entendit reprocher tout à trac: 'Vous buvez, Monsieur, m'a-t-on dit', et répliqua du même ton: 'En tout cas pas chez vous, mon général.' La conversation en resta là.

Elle ne va souvent pas aussi loin d'ailleurs. Le déjeuner terminé, on revient au salon pour le café. On parle de l'état 40 de la route, du temps. Dans les grandes occasions, le général entraîne ses hôtes pour quelques pas dans le petit parc. Il regagne bientôt son cabinet après avoir serré les mains avec le même cérémonial qu'à l'arrivée: 'Content de vous avoir vu', et 'Merci d'être venu'. Il ne reste plus qu'à 45 refaire les trois cent cinquante kilomètres de la route de Paris.

Etre invité à déjeuner à Colombey, c'est vraiment un honneur exceptionnel, réservé à quelques rares fidèles. Qu'on n'imagine pas que l'occasion comporte, en principe, une signif-------- --------que. 50

---- ------- -- -----récit qu'on vient de lire était celui ------ ------- -- ---- --- déjeuner, car ce n'est pas toujours ---- ----- --- ----- -e toute façon, l'accueil du général, ---- ----- ----- ---r, fait aisément oublier la modestie ------- -- ---------- A-lenauer, reçu à la Boisserie en ami, 55 --------, ----- ---- - -utres, combien le général peut y ---- -------, -- ---- --isant. Mais il en va des déjeuners -- ------- ----- - - -emps dans ce gris pays Haut-Marnais: --- ------ -- --que nous avons décrit s'était-il ------- -- --- --- ----- --luie. 60

---- -------son-Ponté: *Les Gaullistes*
------- -- ------ (Seuil, 1963)

-- ----------- ---- ---- ----- -- campagne du général de Gaulle, située à
---------ey-les-Deux-Eglises en Champagne. 6 Chambord, Chenonceaux: célèbres châteaux de la Loire; Rambouillet: résidence
présidentielle et ancien palais royal. 27 joue son va-tout: risque

tout. 35 R.P.F. = Rassemblement du Peuple Français – mouvement politique lancé en 1947 pour le retour au pouvoir du général
de Gaulle. 36 tout à trac: brusquement. 58 Haut-Marnais: du
département de la Haute-Marne.

[74]

Sables mouvants

1   Démons et merveilles
Vents et marées
Au loin déjà la mer s'est retirée
Et toi
5   Comme une algue doucement caressée par le vent
Dans les sables du lit tu remues en rêvant
Démons et merveilles
Vents et marées
Au loin déjà la mer s'est retirée
10   Mais dans tes yeux entr'ouverts
Deux petites vagues sont restées
Démons et merveilles
Vents et marées
Deux petites vagues pour me noyer.

Jacques Prévert: *Paroles* (© Gallimard, 1949)

[75]

1 Le 'festival' d'Antibes n'est qu'un spectacle. Les vrais
amateurs de jazz sont dehors: dans les arbres, sur les
pelouses, ou sur les plages. Autour de l'enceinte du concert
que des C.R.S. surveillent, il y a les 'beatniks' qui n'ont pu
5 payer les droits d'entrée. Les places les moins chères, cette
année sont à 1.200 francs. Ces beatniks sont venus d'un peu
partout: d'Angleterre, d'Allemagne, de Hollande.

Ce festival, pour eux, c'est d'abord, et avant tout, une

fête et un lieu de rencontre. Ils y viennent comme ils vont au pélerinage gitan des Saintes-Maries-de-la-Mer. Comme les 10 gitans, les plus authentiques d'entre eux habitent partout et nulle part; même s'ils n'ont pas lu Kerouac, et c'est le cas pour la plupart, ils sont 'sur la route'. Et comme les Noirs, ils sont un objet permanent de ségrégation sociale.

Il suffit d'aller par les rues d'Antibes pour s'en rendre 15 compte. On les reconnaît facilement à leurs longs cheveux, à leur allure de campeurs insoumis et bohèmes. Hier, ils dormaient sur le quai Notre-Dame la nuit, et le jour chez Popoff, rue de la Huchette. Aujourd'hui, ils dorment sur les plages où la police les récupère souvent vers les deux heures 20 du matin pour les embarquer au commissariat.

L'an dernier, le maire d'Antibes, excédé par cet envahissement de ce qu'il appelle 'le Marché commun de la crasse', décidait, en pleine période de les faire conduire par car spécial hors des murs de la ville et de les disperser sur les 25 chemins. Le soir même, ils étaient de retour à Antibes.

Alors, on leur fait la guerre en permanence. Le soir quelques minutes après la fin du concert, l'un d'eux joue du saxo sur le bord de mer. Arrive la police qui met fin aussitôt à ce concert improvisé malgré les protestations des passants. 30 Ou bien, à Cannes, on disperse un groupe qui tient sur la plage une sorte de messe noire parodique avec guitares, spirituals et prédication où se mêlent des thèmes religieux et sexuels. Pas de quoi fouetter un chat. Mais comment tolérer des jeux qui ne sont pas contrôlables, qui ont ce 35 caractère quelque peu insolite, et qui n'ont pas pour cadre une boîte ou un terrain de camping organisé . . .

Cette répression est absurde – surtout dans le cadre de ce faux festival. Elle manifeste le refus brutal de la fête, des jeux, de la spontanéité. Le jazz, relégué dans le cadre de la 40 pinède, ne peut plus déborder vers la ville . . .

Le malheur de ces occasions manquées ne serait pourtant pas si grand s'il n'était le signe d'un malaise social, et même

national, bien plus profond. Il suffit d'aller le soir à Saint-
45 Tropez, ou ailleurs sur le côte, pour constater l'étendue du
désastre. Partout, le bonheur a disparu. Les étrangers passent
rapidement, en route pour l'Italie, ou pour la Grèce. Les
moins fortunés, les congés payés, restent dans des campings
surpeuplés, vastes H.L.M. de toile, où les visages tendus et
50 fatigués évoquent, en fin de journée, les foules qui se pressent dans les cinémas parisiens. Les cris des fêtards de la
côte ne doivent pas faire illusion : un lourd silence s'est
abattu, sans doute pour longtemps, sur cette côte, où toute
fantaisie est prohibée.

Georges Lapassade dans *France-Observateur*,
30 juillet 1964

4 C.R.S.: Compagnies Républicaines de Sécurité – corps de police
mobile pour maintenir l'ordre public. 6 1.200 francs: anciens francs
(100 anciens francs = 1 nouveau franc). 10 Saintes-Maries-de-la-
Mer: lieu de rassemblement annuel des gitans, situé en Camargue.
12 Jack Kerouac: écrivain canadien dont les romans sont, en quelque sorte, l'évangile des 'beatniks'. 18 chez Popoff: restaurant parisien dont la clientèle est jeune, cosmopolite et sans grand argent.
24 en pleine période: en pleine saison. 34 pas de quoi fouetter un
chat: *nothing to make a song and dance about.* 37 boîte (*familiar*):
cabaret. 41 pinède: bois de pins, décor typique méditerranéen.
48 congés payés: ceux qui bénéficient des congés payés ; campings:
terrains de camping. 49 vastes H.L.M. de toile: *vast council estates
of tents* (H.L.M.: habitations à loyer modéré, i.e. *council housing*).
51 fêtard (*familiar*): quelqu'un qui poursuit le plaisir.

[76]

1 . . . Parmi les peuples de l'Europe, le peuple allemand sera-t-
il présent ? Je réponds qu'à travers toutes les tristesses et
toutes les colères que suscite parmi des millions d'êtres, et
d'abord les Français, la seule évocation de l'Allemagne,
5 l'homme de bon sens voit les Allemands là où ils sont, c'est-

à-dire nombreux, disciplinés, dynamiques, dotés par la nature et par leur travail d'un très grand potentiel économique, largement pourvus de charbon, équipés pour la grande production malgré les ruines et les démantèlements, aptes à s'élever jusqu'aux sommets de la pensée, de la science, 10 de l'art, dès lors qu'ils cessent d'être dévoyés par la rage des conquêtes. Il voit aussi l'Europe amputée, par la domination soviétique, d'une partie très précieuse d'elle-même. Il voit encore l'Angleterre s'éloigner, attirée par la masse d'outre-Atlantique. Il en conclut que l'unité de l'Europe doit, si 15 possible et malgré tout, incorporer les Allemands.

Mais la raison exige que, pour cela, il y ait un jour moyen d'établir entre le peuple allemand et le peuple français une entente directe et pratique, répondant au fait qu'ils sont à tant d'égards complémentaires l'un de l'autre, et surmontant 20 les vicissitudes de l'histoire. Au fond, c'est le cœur du problème. Il y aura ou il n'y aura pas d'Europe, suivant qu'un accord sans intermédiaire sera ou non possible entre Germains et Gaulois.

Charles de Gaulle: Discours de Bordeaux,
25 septembre 1949

11 dès lors que: du moment où. 24 Germains: nom donné par les Gaulois à leurs voisins de l'est.

[77]

Cette notion d'ordre que nous trouvons partout dans 1 Shakespeare, qui hante les pièces politiques, les grandes tragédies, et qui n'est pas exclue non plus, bien loin de là, des comédies, c'est elle qui donne à l'œuvre sa cohérence comme sa raison d'être tragique. Cette autre notion, aussi 5

sensible à travers tant de comparaisons et d'images, d'une correspondance, et même d'une similitude symbolique, entre l'homme, le corps de la communauté humaine, et l'univers, survivance nostalgique de la pensée du moyen
10 âge, constitue l'arrière-plan encore stable, mais dangereusement menacé, devant lequel se joue la tragédie humaine. Un caprice, une passion, un crime, et ce peut être la ruée des forces de confusion qui vont, pour un temps, obscurcir le soleil, couvrir la terre et l'âme de l'homme de nuées
15 impénétrables, au sein desquelles la violence, l'injustice, le mal, se donneront libre cours. Jusqu'au moment où le crime payé, le facteur du mal abattu, les forces du désordre vaincues ou apaisées, le soleil à nouveau brillera, et l'équilibre *naturel* sera rétabli. Lorsque les passions se
20 déchaînent, lorsque la nuit est particulièrement maléfique, et la tempête violente, les proportions de cette agitation et la qualité de cette démence sont toujours qualifiées de *unnatural* – contre-nature, ou anti-naturelles (le français n'a pas de terme pour qualifier cette *absence*, ce retrait de la
25 *nature*). Et c'est bien cela qui est insupportable à la création, devant quoi l'esprit s'effare, parce que c'est le retour au chaos, négation même de la création, où toute vie est impensable et impossible, où la souffrance n'a plus de sens. Pour l'individu, comme pour la communauté. Pour le roi,
30 comme pour le sujet.

> Henri Fluchère: *Shakespeare dramaturge élisabéthain* (Cahiers du Sud, 1948)

J'entends la douce pluie d'été dans les cheveux mouillés des   1
    saules
Le vent qui fait un bruit d'argent m'endort m'éveille à tour
    de rôle
Je rêve au cœur de la maison qu'entoure le cri des oiseaux   5

Je mêle au passé le présent comme à mes bras le linge lourd
Et cette nuit pour moi la mémoire fait patte de velours
Tout prend cette clarté des choses dans la profondeur des
    eaux

On dirait que de la semaine il n'est resté que les dimanches 10
Tous les jardins de mon enfance écartent l'été de leurs
    branches
La mer ouvre son émeraude à ce jeune homme que je fus

Te voilà quelque part au mois d'août par une chaleur torride
Allongé dans l'herbe et tu lis Goethe Iphigénie en Tauride 15
Par le temps qu'il fait un verre d'eau ne serait pas de refus

Ailleurs tu marchais le long d'un canal sous les châtaigniers
    verts
De ce long jour écrasant les bogues sur les chemins déserts
Personne excepté les haleurs qui buvaient du vin d'Algérie 20

Dans un village perdu les gens à ton passage se taisent
O l'auberge de farine et de bière où tu mangeas des fraises
Et la toile rêche des draps qui sentaient la buanderie . . .

Louis Aragon: *Le roman inachevé*
(© Gallimard, 1956)

1 La victime, déjà dépecée, gisait dans un coin de la cave sous
des torchons de grosse toile, piquée de taches brunes.
Jamblier, un petit homme grisonnant, au profil aigu et aux
yeux fiévreux, le ventre ceint d'un tablier de cuisine qui lui
5 descendait aux pieds, traînait ses savates sur le sol bétonné.
Parfois, il s'arrêtait court, un peu de sang lui montait aux
joues et le regard de ses yeux inquiets se fixait sur le loquet
de la porte. Pour apaiser l'impatience de l'attente, il prit une
serpillière qui trempait dans une cuvette d'émail et, pour la
10 troisième fois, lava sur le béton une surface encore humide
afin d'en effacer les dernières traces de sang qu'avait pu y
laisser sa boucherie. Entendant un bruit de pas, il se releva
et voulut s'essuyer les mains à son tablier, mais il se mit à
trembler si fort que le tissu leur échappait.
15   La porte s'ouvrit pour laisser passer Martin, l'un des deux
hommes attendus par Jamblier. Le nouveau venu, qui
portait une valise dans chaque main, était un homme court
et râblé, d'environ quarante-cinq ans, sanglé dans un par-
dessus marron, très usé et si étroitement ajusté qu'il collait
20 à la raie des fesses et faisait saillir ses puissantes omoplates.
Cravaté en ficelle, il portait, piqué sur sa cravate, un important fer à cheval en argent et, sur sa grosse tête ronde,
un surprenant chapeau noir à bord roulé, luisant d'usure.
L'ensemble étant propre, soigné, et lui faisant la silhouette
25 d'un inspecteur de police, telle que l'ont stylisée les dessins
humoristiques. Il n'y manquait même pas la forte moustache
noire, arrêtée au coin des lèvres. Avec un clin d'œil aimable,
il salua Jamblier d'un 'bonsoir, patron' auquel l'autre ne
répondit pas.
30 Suivi du visiteur, il se dirigea vers le coin de la cave où
les torchons blancs recouvraient une forme indécise. Dé-

barrassé de son linceul, un cochon apparut au jour de la
lumière électrique. L'animal était découpé en une douzaine
de quartiers soigneusement rapprochés de façon à recon-
stituer le porc qui se présentait le ventre béant, vidé de ses 35
entrailles. Le patron s'effaça et laissa au compagnon le temps
de se rendre compte que le bête était entière.

– C'est un monsieur, apprécia Martin. Il fait combien ?

– Tel qu'il est, deux cent quinze livres. Un peu plus que
celui d'avant-hier, mais à vingt livres près. Une fois réparti 40
dans deux valises, ça ne se connaît guère.

– A la vôtre. On voit bien que ce n'est pas vous qui avez
la peine.

– Allons donc! Un costaud comme vous! Passez-moi une
valise. 45

Martin s'avança d'un pas, mais ne se pressa pas d'ouvrir
la valise.

– C'est pour aller où, ce soir ?

– A Montmartre, rue Caulaincourt. Le boucher vous
attendra dans la boutique à partir de minuit. 50

Marcel Aymé: *Traversée de Paris*
(© Gallimard, 1947)

2 piquée de: *spotted with.* 21 cravaté en ficelle: sa cravate nouée
sans soin; un important fer à cheval: *a large horse-shoe.* 40 mais
à vingt livres près: *but there's only twenty pounds in it.* 41 ça ne se
connaît guère: *it's hardly noticeable.* 42 à la vôtre: *you're all right.*
44 allons donc!: *nonsense!*

[80]

Je me souviens d'un temps pas très lointain – juste avant   1
la guerre – où, potache à Sainte-Croix de Neuilly, nous
allions avec quelques camarades de classe passer nos vacances
d'hiver en montagne dans des conditions bien différentes de
celles d'aujourd'hui. Nous logions dans une grange située   5

dans un hameau au-dessus de Briançon. Nous étions à tour de rôle de corvée de cuisine, nous dormions dans des sacs de couchage, et le matin pour nous laver, il fallait sur place briser la glace de l'eau de la fontaine. Nous nous adonnions à de grandes promenades sous la direction d'un guide, Alphonse, qui nous étonnait toujours lorsqu'il effectuait l'agenouillement du telemark. Lors de certaines vacances de Noël, nous étions partis sac au dos, peaux de phoque fixées aux skis, pour gagner Valloires, après avoir franchi le Galibier, dont le tunnel était fermé. Le lendemain nous étions revenus par le col des Rochilles .... C'était du véritable ski de randonnée. Comme cette époque paraît ancienne aujourd'hui! Aussi ancienne que celle où le Norvégien Nansen réussissait la première traversée du sud du Groenland à skis (1888), ou celle qui permettait à l'alpiniste dauphinois Henri Duhamel de faire les premiers essais en France avec des skis en 1878.

De nos jours, les centaines de milliers d'hivernants qui se précipitent vers les stations parfaitement équipées des Alpes, du Jura, du Massif Central ou des Pyrénées, veulent profiter au maximum de leur séjour. Les remontées mécaniques de toutes sortes, les pistes remarquablement tracées leur permettent, s'ils le veulent, d'accomplir jusqu'à cinquante kilomètres de descente quotidiennement, voire davantage. Mais, ce faisant, ne se privent-ils pas de toute une gamme de joies, d'impressions qui valent la peine d'être connues? Gravir lentement une pente, peiner pour atteindre le sommet, mériter le magnifique spectacle que l'on domine, découvrir à la descente des champs de neige qui n'ont pas été foulés, apprendre à vaincre des passages imprévus, etc., procurent autant de sensations exaltantes que ne connaîtront jamais ceux qui ne dévalent que les pistes damées, aussi bons skieurs soient-ils. Le ski de randonnée doit redevenir un élément important de la pratique du ski. Nous conseillons à ceux qui ne l'ont jamais goûté de l'essayer. Ils y reviendront. Qu'ils se groupent avec quelques camarades, et qu'ils prennent une ou deux journées pendant la durée de leur séjour pour atteindre un but qu'ils se sont fixé: un sommet pas trop difficile pour commencer, un sommet qu'ils graviront avec leurs jambes et des peaux de phoque. Ils 45 récolteront des souvenirs inoubliables.

Le Monde, 6 janvier 1963 (© Le Monde – Opera Mundi)

2 Sainte-Croix de Neuilly: école privée à Neuilly, dans la banlieue parisienne. 6 Briançon: petite ville dans les Hautes-Alpes. 12 l'age-nouillement du telemark: technique de virage aujourd'hui tombée en désuétude. 13 peaux de phoque: pour faciliter la montée. 15 le Galibier: col des Hautes-Alpes. 21 dauphinois: du Dauphiné, province du Sud-Est. 26 remontées mécaniques: remonte-pentes (*ski-lifts*). 27 pistes: *ski-runs*. 37 damées: battues, tassées.

[81]

Il étudia le guide Michelin. Il avait choisi Mâcon, ville 1
reliée à Paris par des trains directs, et à une heure du village par la route; c'était également commode pour Lucie et pour lui. Il chercha un hôtel plaisant dans les environs de Mâcon. Il en nota deux, l'un à Pontanevaux, sur la route de Mâcon à 5
Lyon, trois pignons qui signifient '*très confortable*', rouges les pignons, ce qui signifie '*agréable, tranquille, bien situé*', et une étoile '*une bonne table dans sa catégorie*'. Le guide mentionnait en outre: '*Spécialités: gratin de quenelles aux écrevisses, écrevisses, poularde sans nom. Vins: Mâcon, Beaujo-* 10
lais.' Il craignit que '*la bonne table*' n'offensât Lucie; ce n'était pas son style à elle; le sien non plus; il n'aime en somme que les viandes saignantes et les alcools bruts, en

particulier le whisky; il n'est pas sans mépris pour les
15 Français, ses concitoyens qui, dès qu'ils ont de l'argent, se
gavent de plats à la crème et de vins lourds. Lucie serait
gênée par le regard sévère du maître d'hôtel et du sommelier,
quand ils mangeront des grillades et boiront, elle des jus de
fruit, lui du whisky. L'autre hôtel, à sept kilomètres au nord
20 de Mâcon, trois pignons noirs, Du ceût préféré rouges, mais
il lut à la seconde ligne: '*Beau parc*', entre guillemets
rouges, c'est-à-dire un parc: '*agréable, plaisant, bien situé*'.
Aucune mention de la table. Il faudra qu'avant de prendre
Lucie à la gare il aille examiner les deux hôtels; si celui de
25 Pontanevaux est aussi avenant que l'annonce le guide, ils
pourront, pour éviter '*la bonne table*', se faire servir les repas
dans la chambre. Ce serait peut-être une bonne idée, passer
les trois jours, vendredi, samedi, dimanche, enfermés dans
une chambre, comme dans un tombeau.

Roger Vailland: *La Fête* (© Gallimard, 1960)

9 gratin: mets recouvert de miettes de pain et passé au four;
quenelles: boulettes de poisson ou de viande. 10 poularde: jeune
poule engraissée. 20 eût préféré (forme littéraire): aurait préféré.
21 parc: *grounds*.

[82]

1 Zaza aimait comme moi les livres et l'étude; en outre, elle
était dotée d'une quantité de talents qui me faisaient défaut.
Quelquefois, quand je sonnais rue de Varenne, je la trouvais
occupée à confectionner des sablés, des caramels; elle
5 piquait sur une aiguille à tricoter des quartiers d'orange, des
dattes, des pruneaux et les plongeait dans une casserole où
cuisait un sirop à l'odeur de vinaigre chaud: ses fruits
déguisés avaient aussi bonne mine que ceux des confiseurs.

Elle polycopiait elle-même, à une dizaine d'exemplaires, une Chronique familiale, qu'elle rédigeait chaque semaine à l'intention des grand-mères, oncles, tantes, absents de Paris; j'admirais, autant que la vivacité de ses récits, son adresse à fabriquer un objet qui ressemblait à un vrai journal. Elle prit avec moi quelques leçons de piano, mais passa très vite dans une section supérieure. Malingre, les jambes grêles, elle n'en accomplissait pas moins avec son corps mille prouesses; Madame Mabille, aux premiers jours du printemps, nous emmena toutes deux dans une banlieue fleurie – c'était, je crois, à Nanterre. Zaza fit sur l'herbe la roue, le grand écart et toute espèce de culbute; elle grimpait aux arbres, elle se suspendait aux branches par les pieds. Dans toutes ses conduites, elle faisait preuve d'une aisance qui m'émerveillait. A dix ans, elle circulait seule dans les rues; au cours Désir, elle n'adopta jamais mes manières guindées; elle parlait à ces demoiselles d'un ton poli, mais désinvolte, presque d'égale à égale. Une année, elle se permit, au cours d'une audition de piano, une audace qui frisa le scandale. La salle des fêtes était pleine. Aux premiers rangs, les élèves vêtues de leurs plus belles robes, bouclées, frisées, avec des nœuds dans les cheveux, attendaient le moment d'exhiber leurs talents. Derrière elles, étaient assises les professeurs et les surveillantes, en corsages de soie, gantées de blanc. Au fond se tenaient les parents et leurs invités. Zaza, vêtue de taffetas bleu, joua un morceau que sa mère jugeait trop difficile pour elle et dont elle massacrait d'ordinaire quelques mesures; cette fois, elle les exécuta sans faute et, jetant à Madame Mabille un regard triomphant, elle lui tira la langue. Les petites filles frémirent sous leurs boucles et la réprobation figea le visage de ces demoiselles. Quand Zaza descendit de l'estrade, sa mère l'embrassa si gaiement que personne n'osa la gronder. A mes yeux, cet exploit la nimba de gloire. Soumise aux lois, aux poncifs, aux préjugés, j'aimais néanmoins ce qui était neuf,

sincère, spontané. La vivacité et l'indépendance de Zaza me
45 subjuguaient.

Simone de Beauvoir: *Mémoires d'une jeune
fille rangée* (© Gallimard, 1958)

2 qui me faisaient défaut: qui me manquaient. 11 à l'intention des
grand'mères: pour les grand'mères. 19 fit … la roue: *did cart-
wheels*. 20 le grand écart: *the splits*. 24 au cours Désir: nom d'une
école privée. 28 la salle des fêtes: salle municipale où ont lieu des
concerts, des réunions, des représentations théâtrales, etc. 32 sur-
veillant(e): personne chargée de surveiller les élèves dans une
école. 38 elle lui tira la langue: *she stuck her tongue out at her*.

[83]

1 — Ça va ? dit Colin.

— Pas encore, dit Chick.

Pour la quatorzième fois, Chick refaisait le nœud de
cravate de Colin, et ça n'allait toujours pas.

5 — On pourrait essayer avec des gants, dit Colin.

— Pourquoi ? demanda Chick. Ça ira mieux ?

— Je ne sais pas, dit Colin. C'est une idée sans prétention.

— On a bien fait de s'y prendre en avance, dit Chick.

— Oui, dit Colin, Mais on sera quand même en retard si
10 on n'y arrive pas.

— Oh! dit Chick. On va y arriver.

Il réalisa un ensemble de mouvements rapides étroitement
associés et tira les deux bouts avec force. La cravate se brisa
par le milieu et lui resta dans les doigts.

15 — C'est la troisième, remarqua Colin, l'air absent.

— Oh! dit Chick. Ça va … je le sais ….

Il s'assit sur une chaise et se frotta le menton d'un air
absorbé.

– Je ne sais pas ce qu'il y a, dit-il.

– Moi non plus, dit Colin. Mais c'est anormal. 20

– Oui, dit Chick, nettement. Je vais essayer sans regarder.

Il prit une quatrième cravate et l'enroula négligemment autour du cou de Colin en suivant des yeux le vol d'un brouzillon, d'un air très intéressé. Il passa le gros bout sous le petit, le fit revenir dans la boucle, un tour vers la droite, 25 le repassa dessous, et, par malheur, à ce moment-là, ses yeux tombèrent sur son ouvrage et la cravate se referma brutalement, lui écrasant l'index. Il laissa échapper un gloussement de douleur.

– Bougre de néant! dit-il. La vache! 30

– Elle t'a fait mal? demanda Colin compatissant. Chick se suçait vigoureusement le doigt.

– Je vais avoir l'ongle tout noir, dit-il.

– Mon pauvre vieux! dit Colin.

Chick marmonna quelque chose et regarda le cou de 35 Colin.

– Minute!... souffla-t-il. Le nœud est fait!... Bouge pas.

Il recula avec précaution sans le quitter des yeux et saisit sur la table, derrière lui, une bouteille de fixateur. Il 40 porta lentement à sa bouche l'extrémité du petit tube à vaporiser et se rapprocha sans bruit. Colin chantonnait en regardant ostensiblement le plafond.

Le jet frappa la cravate en plein milieu du nœud. Elle eut un soubresaut rapide et s'immobilisa, clouée à sa place par le 45 durcissement de la résine.

Boris Vian: *L'écume des jours* (Jean-Jacques Pauvert, 1963)

24 brouzillon: invention de l'auteur. 30 bougre de néant!: exclamation originale – 'bougre' intensifie le sens d'un mot (cf. bougre d'idiot); la vache!: *hell!*

1 Je ne puis pas imaginer qu'un communiste considère avec
indifférence le verdict rendu à Moscou dans l'affaire
Siniavski-Daniel. C'est là un fait grave par sa portée,
notamment en France . . . .

5 Nous ne pouvons aucunement oublier ce que nous devons
à l'Union Soviétique et aux peuples qui la composent: c'est
au prix de leurs travaux, de leurs souffrances, qu'a pu être
établi le premier Etat socialiste du monde, dont l'existence
même a profondément modifié les perspectives de l'histoire.
10 Et, comme Français, comment oublierions-nous la part
décisive qu'ils ont prise dans la guerre contre l'hitlérisme,
les sacrifices qu'ils ont consentis ? D'autre part, le problème
n'est aucunement de la personnalité des condamnés, de leur
talent d'écrivain. Même un écrivain médiocre a le droit de
15 vivre librement. Il s'agit de tout autre chose.

Qu'on soit en désaccord avec ce que ces hommes-ci ont
écrit, qu'on le leur signifie, qu'on leur fasse payer d'une
amende la contravention à une loi existant interdisant l'expor-
tation non contrôlée de leurs œuvres, cela pourrait parfaite-
20 ment être admis, quelles que soient mes réserves personnelles
concernant la loi elle-même. Mais qu'on les prive de leur
liberté pour le contenu d'un roman ou d'un conte, c'est faire
du délit d'opinion un crime d'opinion, c'est créer un précédent nuisible, plus nuisible, à l'intérêt du socialisme que ne
25 pouvaient l'être les œuvres de Siniavski et de Daniel.

Il est à craindre en effet qu'on puisse penser que ce genre
de procédure est inhérent à la nature du communisme et que
le jugement rendu ce jour-ci préfigure ce que sera la justice
dans un pays qui aura aboli l'exploitation de l'homme par
30 l'homme. Il est de notre devoir de proclamer que cela n'est
pas et ne saurait pas être, en France au moins, où c'est de

notre responsabilité. La politique de notre parti repose sur quelques thèses essentielles, la thèse de la possibilité du passage au socialisme par la voie pacifique du gain de la majorité, le rejet de la conception du parti unique et, par 35 suite, l'alliance avec le parti socialiste et les autres partis démocratiques pour le passage au socialisme, sa construction et son maintien.

Cela n'est possible que si, quel que soit le poids du parti communiste dans le pays, celui-ci assure sa fidélité aux 40 principes de la démocratie politique, qui sont de la tradition française, notamment en affirmant qu'aucune juridiction dans l'avenir ne sera habilitée grâce à lui à connaître des procès d'opinion.

Nous voulons espérer que, pour le bien de la cause qui 45 nous est commune, il y aura *un appel* au procès d'hier. Il ne nous appartient pas de dicter à un grand pays ami sa conduite, mais nous serions coupables de lui cacher notre pensée.

Louis Aragon dans *l'Humanité*, 16 février 1966

3 Siniavski, Daniel: écrivains russes, accusés d'avoir alimenté la campagne anti-soviétique à l'étranger et condamnés à des travaux forcés. 23 délit: *minor offence.* 42 qu'aucune juridiction dans l'avenir ne sera habilitée . . . à connaître des procès d'opinion: *that no future legal body will be empowered . . . to try people for their opinions.*

[85]

Excellence,   1
    En bâtissant cette chapelle, j'ai voulu créer un lieu de silence, de prière, de paix, de joie intérieure. Le sentiment du sacré anima notre effort. Des choses sont sacrées, d'autres ne le sont pas, qu'elles soient religieuses ou non.   5

Nos ouvriers et Bona, le contremaître, Maisonnier de mon
atelier, 35, rue de Sèvres; les ingénieurs et les calculateurs,
d'autres ouvriers et des entreprises, des administrateurs,
Savina, ont été les réalisateurs de cette œuvre difficile,
10 minutieuse, rude, forte dans les moyens mis en œuvre, mais
sensible, mais animée d'une mathématique totale créatrice
de l'espace indicible.

Quelques signes dispersés, et quelques mots écrits, disent
la louange à la Vierge. La croix – la croix vraie du supplice –
15 est installée dans cette arche; le drame chrétien a désormais
pris possession du lieu.

Excellence, je vous remets cette chapelle de béton loyal,
pétrie de témérité peut-être, de courage certainement, avec
l'espoir qu'elle trouvera en vous comme en ceux qui
20 monteront sur la colline, un écho à ce que tous nous y avons
inscrit.

> Le Corbusier: Dédicace de la chapelle de
> Ronchamp, 25 juin 1955

[86]

1 Les vrais caractères distinctifs de la vie provinciale se
décèlent dans son rythme et dans l'étendue circonscrite de
son champ d'intérêt.

Certes la province a cessé d'être arriérée ou retardataire:
5 les journaux féminins y propagent la mode des grands
couturiers en même temps que sur les lieux de sa création;
les devantures des libraires étalent les nouveautés du jour;
les cinémas font passer les films récents avant qu'ils aient
cessé leur vogue éphémère. N'empêche qu'on vit plus
10 lentement et plus calmement dans les villes provinciales que

dans la ruche parisienne. Y contribue d'abord le décalage de l'horaire quotidien, plus proche de la distribution astronomique du jour et de la nuit. Si l'on ne se lève guère plus tôt, du moins se couche-t-on moins tard. Il arrive sans doute que des provinciaux prolongent hors de chez eux la soirée, mais 15 pas de façon constante ni même coutumière. Et quand ils regagnent leur logis au milieu de la ville déserte, ils sentent tout ce qu'a d'insolite leur ombre tour à tour étirée et raccourcie le long de l'échelonnement des réverbères, l'écho de leurs pas frappant un pavé plus sonore que de jour, la 20 résonance de leur voix dans le silence des rues endormies. Car la province dort la nuit, elle dort plus et mieux que la capitale.

Ce ne sont pas seulement les heures nocturnes qui ménagent aux provinciaux un repos dont les Parisiens aux 25 nerfs tendus auraient plus besoin qu'eux. Entre chaque matin et chaque soir, les travaux que l'on mène, les plaisirs que l'on poursuit et dont les habitants des petites villes et même des grandes ont la chance que leur soit épargnée la profusion, réservent des marges de répit et de détente. 30 L'agenda du médecin, du journaliste, du fonctionnaire, du conseiller municipal, de l'ingénieur, du chef d'entreprise, si rempli soit-il, laisse çà et là des blancs que ne connaît pas l'emploi du temps âprement minuté et tout de précipitation, de leurs confrères de la capitale. On peut rêver et méditer en 35 province autrement qu'en courant ou en s'activant à autre chose. La notion de loisir est devenue, en notre milieu du vingtième siècle, une notion presque exclusivement provinciale.

André Ferré dans *La France d'aujourd'hui*
(Hatier, 1964)

32 chef d'entreprise: *industrialist*.

Il pourrait sembler qu'en France il y ait des questions plus urgentes et plus vitales que celle de la Défense de la Langue Française. Pourtant un certain nombre de journaux ou hebdomadaires consacrent une ou plusieurs colonnes d'une
5 façon régulière à la dite défense. Je ne trouve pas le propos futile, mais il me semble que l'entreprise est en général marquée par l'esprit de défaite ... on ne pense qu'à entretenir, conserver, momifier.

Les philologues et les linguistes n'ignorent pas que la
10 langue française écrite (celle que l'on 'défend' en général) n'a plus que des rapports assez lointains avec la langue française véritable, la langue parlée. Toutes sortes de raisons font que cet abîme n'apparaît pas clairement : le maintien de l'orthographe, l'enseignement obligatoire, l'automatisme qui
15 fait passer d'une langue à l'autre dans les circonstances officielles, administratives et solennelles. Mais le changement est profond. Le vocabulaire se modifie insensiblement, enrichi surtout par les actualités et les événements, mais c'est surtout la syntaxe du français parlé qui s'éloigne de plus en
20 plus du français écrit.

... Ce qui est étrange c'est que cette transformation ait échappé à la plupart des écrivains, disons à presque tous jusqu'à ces dernières années. Ils ont cherché l'originalité dans des domaines infiniment respectables, et souvent
25 métaphysiques. Mais ils n'ont pas vu que c'est dans l'emploi d'un nouveau 'matériau' que surgirait une nouvelle littérature, vivante, jeune et vraie.

Raymond Queneau, cité dans *Le roman
français depuis la guerre* de Maurice Nadeau
(© Gallimard, collection Idées, 1963)

14 automatisme: réflexe. 26 'matériau': *source material*.

[88]

Fruits pour Claude

Reine-claude mirabelle   1
Pomme triste quand tu pleures
Grappe où la pensée affleure
Je te cueille ma rebelle

        Dors : ce voyage éperdu   5
        Te mûrisse fruit t'allège
        De la nuit et de la neige
        La lumière soit ton dû

Chaque songe braise sombre
T'enrichit grenade-enfant   10
Et le réel va te fondre
Pour son jardin triomphant

Janine Mitaud : *Soleil de blé* (Rougerie, 1958)

1 Reine-claude, mirabelle: noms de prunes. 3 affleure: *breaks surface*.

[89]

Pendant deux siècles (la domination britannique s'est in-   1
stallée en 1760), les Anglais ont tenté par divers moyens
d'extirper ou de réduire l'usage du français, et l'on sait au
prix de quels efforts parfois héroïques la minorité française
parvint à maintenir sa langue et sa personnalité. Mais cette   5
résistance possible dans un milieu paysan, dominé par la
tradition orale, devient difficile lorsque la technique et
l'urbanisation exposent les communautés closes aux contacts
extérieurs et à l'influence des communications de masse.
Tant qu'il s'agit de nommer les choses de la terre, une com-   10
munauté traditionnelle y parvient sans peine ; la technique

pose bien d'autres problèmes: elle nous en pose à nous-mêmes, Français de France, qui avons adopté tant de vocables anglo-saxons dans les nouveaux domaines (la
15 mécanique, le sport, etc.). On imagine la situation d'un peuple passé bien plus rapidement que le nôtre de la campagne à la ville (près des deux tiers des Québécois sont maintenant 'urbains', ô Maria Chapdelaine!), sans qu'un enseignement convenable l'y ait préparé, sans qu'un encadre-
20 ment ait été prêt pour l'accueillir. Il n'est pas étonnant que, malgré une résistance plus vive que la nôtre, le parler des Québécois, immergé dans un semi-continent anglophone, ait été gravement contaminé par les anglicismes et les américanismes. Le miracle est que le français ait résisté à
25 cette épreuve.

Mais à côté de cette invasion de la technique, qui a déferlé des Etats-Unis dans un habillage étasunien, il y a le contexte politico-social: l'anglais est la langue des maîtres; il est parlé non seulement par l'administration fédérale mais presque à
30 tous les niveaux du commandement. Le gouvernement, la technique, les affaires parlent anglais. Au-dessus d'un certain niveau, les cadres parlent anglais. C'est là sans doute qu'apparaît un élément typiquement colonial: les postes de direction sont à peu près réservés aux anglophones, et le
35 francophone qui n'est pas bilingue a peu de chances d'y accéder. L'anglais est la langue de communication avec l'extérieur, il est la langue de la technique; il est aussi la langue des riches, des forts, des voyageurs . . . la langue de l'avenir. Parallèlement, le français tend à occuper la situ-
40 ation de langue inférieure, de langue privée, réservée aux paysans, aux pauvres, aux affaires de famille et aux choses du passé. C'est ainsi que la moitié des Canadiens français, selon un enquêteur suisse, sont contraints de gagner leur vie en utilisant l'anglais: servitude douloureuse, authentique
45 aliénation, qui ne peut à la longue produire que l'assimilation ou la révolte.

Il est probable que si la radio et la télévision n'étaient pas intervenues juste à temps en diffusant un parler remarquablement correct (plus que celui de l'O.R.T.F.!), le déclin et la détérioration du français auraient été irrémédi- 50 ables. Maintenant, une réaction s'est amorcée : le gouvernement fédéral a créé une commission d'étude sur les problèmes linguistiques ; au Québec, la nationalisation de l'électricité accomplie par le gouvernement provincial a permis d'exiger des cadres anglais qu'ils apprennent le français. 55 Mais l'avenir de la langue est encore loin d'être assuré pour cette minorité de cinq millions de francophones prise dans une masse de deux cents millions d'anglophones. Car l'infériorité sociale du français, les enfants la perçoivent ; et les immigrés également ont vite fait de la saisir : leur con- 60 tingent vient sans cesse renforcer l'élément anglophone jusque dans les régions à majorité française.

Jean-Marie Domenach dans *Esprit*, février
1965

18 *Maria Chapdelaine*, roman de Louis Hémon (1913) qui traite de la vie des paysans français au Canada. 32 cadres : *professional classes*. 45 à la longue : *in the long run*. 49 O.R.T.F. : Office de Radio-diffusion-Télévision Française.

[90]

L'ameublement est simple. Un coin est occupé par la grande 1
horloge bretonne, dont le long balancier en cuivre oscille
derrière une porte vitrée. Deux buffets : le buffet de style qui
permet surtout d'offrir aux regards la vaisselle de cérémonie,
avec, en plus, calées entre la soupière et la cafetière, ou entre 5
deux piles de bols, les photos de mariage des enfants ; et le
buffet utile qui dissimule au contraire derrière ses portes de

bois, la vaisselle de tous les jours; dans l'évidement du milieu un poste de radio a trouvé sa place et diffuse en ce moment, il est 17 heures, l'indicatif de 'Salut les copains'. La télévision n'a pas encore fait son apparition.

La longue table et les deux bancs ont choisi le meilleur endroit pour bien recevoir la lumière de la fenêtre. La très chère grande cheminée, qui fait plus de la moitié de la hauteur du mur, par bonheur est au rendez-vous. Elle ne sert presque plus. L'orifice en est masqué par une plaque d'isorel sur glissière. Mais le soufflet, qui sert à aviver la flamme est toujours là. On y fait encore les crêpes de temps en temps. Sur le manteau de la cheminée, entre autres bricoles, je remarque une lampe à pétrole aux trois quarts pleine et deux chandeliers armés de bougie. Si j'ajoute que j'ai repéré tout à l'heure sur le buffet une pile Wonder, il semblerait qu'en dépit des services rendus on n'accorde, ici, qu'une confiance relative à la fée Electricité. Un évier (sans chauffe-eau) et une cuisinière à mazout complètent l'équipement. Il n'y a pas de frigidaire.

La cuisinière représente le seul instrument de chauffage de la maison. C'est un des faits qui illustrent le rôle de cette pièce: elle est la seule qui soit chauffée. En hiver, les chambres sont glaciales, on ne peut y aller que pour se fourrer au lit.

Aussi, leur visite est sans grand intérêt. Elles sont propres et démodées. Visiblement, on y vit peu. Il n'y a pas ce petit désordre, ou ce rangement méticuleux, personnel, ces trois ou quatre objets révélateurs. Il n'y a qu'un ordre de musée.

Bernard Ollivier dans *Témoignage Chrétien*,
29 avril 1965

10 indicatif: *signature-tune*; 'Salut les copains': émission de disques yé-yé (*pop records*). 16 une plaque d'isorel sur glissière: *a sliding hardboard panel*. 19 bricoles: *trifles, bits and pieces*. 22 Wonder: marque de pile. 30 se fourrer: *plunge*.

Il y avait quelques soldats dans le magasin. Le caporal 1
magasinier distribuait ses fournitures sous le contrôle d'un
officier. Ce caporal était un petit homme jovial, qui accom-
pagnait ses dons de réflexions amusantes ou plaisamment
bourrues. Quand mon tour vint, je déclarai: 5

'Il me faut un ceinturon, j'ai perdu le mien.'

Je me repentis instantanément de cette parole imprudente,
car elle déclencha, chez le caporal magasinier, tous les
symptômes d'une colère folle. L'officier, rengorgé, me considérait d'un œil de glace. Quant à moi, assez ennuyé, les 10
mains croisées derrière le dos, je me balançais d'une jambe
sur l'autre.

'Nom de Dieu! s'écria le magasinier. Un ceinturon! Est-
ce que tu te fous de moi? Monsieur a perdu son ceinturon,
qu'il dit. Eh ben, t'avais qu'à pas le perdre, ton ceinturon, 15
bourrique! Qui c'est qui m'a foutu un connard pareil, non
mais! Tu sais où ça mène de perdre des effets militaires, eh,
tête de lard? Tu le sais pas? Eh ben moi je vais te l'apprendre: ça mène au tourniquet. Puisque t'as perdu ton ceinturon, tu t'en passeras, mon pote, c'est moi qui te le dis. 20
Ça, alors, on aura tout vu! Un gars qui paume son
ceinturon, et qui vient vous l'annoncer, comme ça, aussi
sec . . .'

L'officier me fit là-dessus une homélie grondeuse, dont
il ressortait que j'avais bien de la chance (ce fut son mot) 25
que les circonstances fussent si malheureuses pour la patrie,
sans quoi l'affaire du ceinturon serait allée loin; on me
conseillait de vider les lieux sans demander mon reste.

Pendant que l'officier parlait, j'entendais le magasinier
grommeler dans mon dos. Tout à coup je sentis s'insinuer 30
entre mes mains croisées un objet rond et rugueux, et je

perçus la voix du magasinier murmurant sur un ton extraordinairement affectueux:

'Fous ça dans ta poche et tire-toi en vitesse, gars!'

35 L'objet était un ceinturon neuf, enroulé autour de sa boucle de cuivre. Je le possède encore.

Avant de me tirer, je m'arrangeai pour chuchoter à l'intention du caporal un énergique merci. La dernière image que j'emportai de cet homme fut un admirable
40 sourire à la fois confidentiel et complice, un sourire merveilleux, qui me donna du bonheur pour huit jours, que je n'ai jamais oublié, et qui est resté dans mon cœur comme un symbole aimable de la fraternité humaine, de la gentillesse malicieuse du peuple français. Quelques sourires accom-
45 pagnent ainsi la vie. Le bon sourire du caporal d'Auray, qui berna si bien l'officier, et observa si adroitement la solidarité des humbles, m'accompagnera, j'en suis certain, jusqu'à mon dernier soupir. Ce sont de petites choses comme cela qui font que l'on aime les hommes, au lieu de les détester.

Jean Dutourd: *Les taxis de la Marne*
(© Gallimard, 1956)

14 tu te fous de moi (*vulgar*): tu te moques de moi. 15 ben: bien; t'avais qu'à pas le perdre: tu n'avais qu'à ne pas le perdre (*you shouldn't have lost it, should you?*). 16 qui c'est qui m'a foutu (*vulgar*): qui c'est qui m'a amené; connard (*vulgar*): imbécile. 16–17 non mais!: pour qui tu te prends! (renforce l'indignation et la menace). 18 tête de lard: *fathead*. 19 tourniquet (*familiar*): tribunal militaire. 23 aussi sec: *cool as they come.* 24 dont il ressortait: *according to which it appeared.* 28 vider les lieux: partir. 34 fous (*vulgar*): mets. 38 à l'intention du caporal: pour le caporal.

[92]

Il n'y a pas une langue au monde, fût-elle la plus compliquée, 1
qui ne puisse être assimilée parfaitement par les enfants à
l'âge où s'acquiert la parole. C'est qu'on apprend à parler à
l'âge où le conditionnement des réflexes se fait le plus facilement; c'est vrai pour la nage, pour le ski, pour le piano, vrai 5
encore pour l'enfant forain qu'on 'dresse' pour l'acrobatie.
Et c'est vrai pour le bilinguisme: les 'autres' langues
s'apprennent aussi facilement que la langue maternelle si
elles sont introduites pendant la période de 'plasticité
cérébrale' de l'enfant, et si on utilise pour lui apprendre la 10
méthode naturelle et directe qui a fait universellement ses
preuves pour la langue maternelle.

Le malheur, c'est qu'on a fait des langues une 'matière
scolaire', un 'sujet au programme'. Alors que tout ce qu'on
sait de la physiologie cérébrale exigerait qu'on enseigne les 15
langues à la façon 'maternelle', on s'entête dans presque
tous les systèmes d'éducation du monde, et spécialement
chez nous, à enseigner les langues sur le modèle de l'apprentissage adulte: celui qui convient lorsque les mécanismes
cérébraux, passé un certain âge, ont acquis une rigidité qui 20
ne leur permet plus d'être conditionnés naturellement.
C'est comme pour le ski, qui ne 's'apprend tout seul' que
dans les premières années: plus tard ce sont les mouvements
qu'on doit acquérir péniblement en les décomposant, et le
long travail de synthèse et d'intégration cérébro-musculaire. 25
Pour les langues aussi, il faut avec l'âge 'décomposer les
mouvements' et reconstruire à partir de la syntaxe, de la
morphologie, du vocabulaire; à partir de règles, là où il y a
surtout des exceptions, et de logique, là où il y a surtout de
l'irrationnel. 30

Et c'est une chose étonnante que de voir ces langues

enseignées aux enfants par des maîtres qui eux-mêmes les ont apprises par ces moyens artificiels. On croirait qu'à notre époque, on aurait au moins réussi à organiser l'échange
35 systématique des professeurs de pays à pays, et que les langues ne seraient plus enseignées que par des maîtres d'origine. Pour qui connaît bien l'anglais, par exemple, écouter un cours donné dans cette langue par la plupart de nos agrégés est un supplice pour l'oreille.

Science et Vie, mars 1963

1 fût-elle la plus compliquée: même la plus compliquée. 6 enfant forain: *circus child*. 36 des maîtres d'origine: *native teachers*. 39 agrégé: quelqu'un qui, après un concours, est admis à enseigner dans un lycée ou dans certaines facultés.

[93]

1 L'air étincelle. Ma vitre est givrée et c'est une joie déjà de voir ce givre. Du dortoir, nous ne voyons jamais un ciel nocturne. Les fenêtres nous sont interdites puisque nous occupons la nuit de petites cellules qui, sur deux rangs, se
5 regardent, dans une grande salle. Et, quelquefois, nous nous faisons punir pour descendre au mitard afin d'apercevoir la nuit, par la lucarne souvent démasquée, grand comme un œil de bœuf de ciel étoilé et, plus rarement encore, un morceau de lune. L'air étincelle. Mettray prend soudain la place –
10 non de la prison que j'habite – mais de moi-même, et je m'embarque, comme autrefois au fond de mon hamac, sur les vestiges de la barque démâtée, presque détruite, parmi les fleurs du Grand Carré. Mon désir de fuite et d'amour la camoufle en une galère en révolte évadée d'un bagne. C'est
15 'l'Offensive'. Sur elle, j'ai parcouru les mers du Sud, à travers les branches, les feuilles, les fleurs et les oiseaux de

Touraine. A mon ordre la galère foutait le camp. Elle avançait sous un ciel de lilas dont chaque grappe était plus lourde et plus chargée d'angoisse que le mot 'sang' en haut d'une page. . . . 20

. . . Quand je fus seul, Villeroy parti, sous mes couvertures je l'évoquai quelquefois, mais la tristesse de son départ perdit bien vite son sens primitif pour devenir une espèce de mélancolie chronique, pareille à un automne embrumé, et cet automne est la saison de base de ma vie car il ré- 25 apparaît souvent, maintenant encore. Après les coups de soleil, pour que mon cœur, blessé par tant d'éclats, se repose, je me recroqueville en moi-même afin de retrouver les bois mouillés, les feuilles mortes, les brumes, et je rentre dans un manoir où flambe un feu de bois dans une haute cheminée. 30 Le vent que j'écoute est plus berceur que celui qui geint dans les vrais sapins d'un vrai parc. Il me repose du vent qui fait vibrer les agrès de la galère. Cet automne est plus insidieux et plus intense que l'automne vrai, l'automne ex- térieur car, pour en jouir, je dois à chaque seconde inventer 35 un détail, un signe, et m'attarder sur lui. Je le crée à chaque instant. Je reste des minutes sur l'idée de la pluie, sur l'idée d'une grille rouillée, ou de la mousse pourrie, des cham- pignons, d'une cape gonflée par le vent.

Jean Genet: *Miracle de la rose* (© Gallimard, 1951)

6 mitard (*slang*): *punishment block*. 9 Mettray: colonie pénitentiaire près de Tours. 13 le Grand Carré: probablement la cour. 17 foutait le camp (*vulgar*): partait.

1 Beaucoup de bons esprits se sont moqués de la politique
agricole de la Troisième République, prétendant qu'elle se
résumait à la distribution du Mérite agricole. Ils avaient tort
d'y voir l'effet de l'inefficacité et de l'incompétence. La
5 Troisième République avait, dans sa politique, un double
souci: empêcher autant que possible le monde agricole
français d'évoluer, tout en conservant ses bonnes grâces.
On peut dire qu'elle y a bien réussi.

Tout cela s'appuyait sur une sorte de mythologie, un
10 culte du petit paysan, un hymne où chacun jouait sa partie,
du réactionnaire au jacobin. Il s'y mêlait des théories
vaguement panthéistes sur les liens mystiques entre l'homme
et la glèbe, entre la fécondité de la terre et celle des femmes.
Et des tableaux de genre: *les Glaneuses* ou *le Geste auguste*
15 *du Semeur*.

Cette mythologie doit beaucoup à l'école qui la propagea
non seulement dans les campagnes mais aussi dans les
villes. Nous avons analysé le contenu du manuel de Bouillot,
Le français par les textes, pour le cours moyen, édition de
20 1912, qui fut utilisé, pendant trente ans, dans la *quasi-
totalité* des écoles primaires de France. Sur les cent-vingt-
huit textes qu'il contient, cinquante-deux ont trait à l'agri-
culture et à la vie des paysans, douze sont destinés à
préparer les écoliers à une mort glorieuse sur le champ de
25 bataille. Le reste est composé de leçons de morale ou de
souvenirs d'enfance. Trois textes concernant, l'un le potier,
l'autre le commerçant, le troisième l'entrepreneur de maçonnerie, voilà tout pour les métiers non agricoles. Un texte
décrivant un 'aéroplane' peut passer pour une allusion à la
30 civilisation industrielle.

De 1940 à 1944, cette religion de la terre allait devenir

religion d'Etat. La fin de 'l'ordre éternel des champs' était cependant proche.

Gervais, Servolin, Weil: *Une France sans paysans* (Editions du Seuil, 1965)

3 Mérite agricole: ordre français créé vers la fin du dix-neuvième siècle. 11 jacobin: personne d'opinions progressistes. 14 tableaux de genre: *genre paintings*. 19 cours moyen: classe d'école primaire. 22 ont trait à: *touch on*.

[95]

'Tous ces gens qui se tuent sur les routes, il faut faire   1
quelque chose', m'écrit une lectrice. Eh, oui, madame:
soigner les blessés et enterrer les morts. Et puis quoi ? Les
campagnes de presse, les images catastrophiques que la télé
nous prodigue à l'heure des repas, il se peut que cela 'fasse   5
réfléchir' – ou provoque une psychose de peur génératrice
d'accidents. Et si, avant de sermonner, on essayait de
comprendre ?
    A force d'observer les automobilistes – et moi-même – je
suis arrivé à cette conclusion que la voiture n'était rien   10
d'autre que l'incarnation contemporaine du Cheval – le
Cheval avec un grand C, l'animal de prestige et de conquête,
la bête héraldique qui pendant des siècles a divisé les
hommes en deux races: ceux qui le montent et ceux qui vont
à pied. Que l'automobiliste de 1963 soit un Cavalier, cela   15
saute aux yeux. Il suffit de le voir panser et bichonner sa
bête; en parlant avec orgueil, préférant sa marque à toute
autre (quitte à en changer au prochain Salon); vanter sa
tenue de route, ses reprises, etc. – comme on vantait
naguère la robe et le trot d'un coursier. Regardez un auto-   20
mobiliste qui monte dans sa voiture: ne met-il pas le pied à

125

un étrier invisible ? Mais le voici au volant, c'est-à-dire en
selle. De ce moment, il devient autre, un gentilhomme sur
un destrier. D'abord, il ne souffre plus la contradiction : cet
25 homme qui, dans la vie, accepte parfois beaucoup de choses –
être subalterne, humilié, cocu – n'admet pas qu'on lui dise
qu'il conduit mal. Faire mal ses affaires ou l'amour, d'accord,
à la rigueur. Mal conduire, non. La moindre réflexion, le
moindre réflexe craintif de sa femme l'indigne, l'exaspère.
30 A-t-il 'encadré' un de ses pareils ? C'est l'autre qui avait
tort – comme les témoins, qui n'ont rien vu, comme le flic,
qui ferait bien d'apprendre son métier. Mais voyez, quand
il descend de voiture, comme il redevient tout à coup
humble, gentil, ordinaire. C'est qu'il est désarmé, il est
35 maintenant à pied. Gauche et pataud comme l'albatros de
Baudelaire, il se dirige à pas tristes vers le restaurant en
jetant un dernier regard, attendri et nostalgique, sur sa
monture étincelante.

Morvan Lebesque dans *Le Canard Enchaîné*,
15 août 1963

1 se tuent : se font tuer. 18 quitte à en changer au prochain Salon :
liable to change it at the next Motor-show (le Salon de l'Automobile).
19 ses reprises : *its acceleration.* 30 a-t-il 'encadré' un de ses
pareils ? : *has he smashed into a fellow motorist ?* 35 l'albatros de
Baudelaire : voir *l'Albatros* dans *les Fleurs du Mal.*

[96]

1 Il prit un gros sandwich à l'omelette, s'adossa à l'auto et
ouvrit la bouche toute grande pour mordre dans l'épaisseur
du pain.
– Tu auras aussi du café, dit le major et, si tu n'as pas
5 peur d'être écœuré, un peu de vin de Jurançon.

– Il faut boire du vin quand on va le matin de bonne heure dans la montagne, dit Bob.

Quand ils eurent fini, ils tirèrent du coffre de l'auto le matériel de pêche du major et les skis de Bob. D'énormes bottes en caoutchouc dépassaient du sac du major. Bob mit ses skis sur l'épaule, et emboîta le pas à son père. Ils s'enfonçaient dans un bois de jeunes hêtres, le long d'un petit gave.

– Es-tu sûr que je trouverai de la neige, au mois de mai ? dit Bob. Sinon je pourrais laisser mes planches dans l'auto.

– C'est plus que probable, dit le major. Je vais attaquer les truites du plateau supérieur.

Bob savait que cette vallée était coupée par trois plateaux, formant comme un immense escalier. Le dernier plateau menait directement au pic d'Ossau, gigantesque molaire à deux racines noires, plantée en l'air, dont la forme avait quelque chose de sympathique : ressembler à une dent, c'était déjà participer à l'humain, satisfaire notre insatiable besoin d'anthropomorphisme. Ses amis ont débaptisé l'Ossau, ou plutôt l'ont baptisé. Entre eux ils l'appellent Jean-Pierre.

– J'aime bien l'Ossau, dit Bob ; c'est un bon gros.

Certes, il était déjà arrivé que le pic du Midi d'Ossau tuât. Sa roche était pourrie et dans ses cheminées peu sûres, les avalanches de cailloux s'ajoutaient à celles de la neige. Il n'en restait pas moins un personnage familier, tandis que son homonyme, le toujours blanc pic du Midi de Bigorre, avec son sommet unique et plus lointain, n'inspirait par opposition qu'une réserve teintée d'antipathie.

Plus loin, l'escalier aboutissait à un col donnant sur l'Espagne, une Espagne encore plus mystérieuse que celle où Bob, en un autre point de la frontière, s'était plusieurs fois risqué.

Quand il avait dépassé la pyramide de cailloux et descendu

une centaine de mètres, la route faisait un lacet et Bob
perdait la France de vue. Dans son esprit, il était au cœur
de l'aventure, il s'enfonçait vers le Sud. A une distance qui
lui paraissait très grande, mais que devait exagérer sa vision
45 enfantine du monde, se trouvait une auberge. Il n'avait
jamais osé pousser plus loin. Il n'avait jamais osé non plus
y entrer. D'abord, il n'avait pas d'argent, mais aussi il
craignait qu'elle fût pleine de *carabineros*.

Roger Grenier: *Tra los montes* (La Table
Ronde, mai 1956)

5 Jurançon: petite ville près de Pau dans le département des Basses-
Pyrénées. 30 cheminée: passage étroit, presque vertical, dans un
mur rocheux. 48 carabineros: *Spanish frontier police.*

[97]

1 L'Algérie, comme la Tunisie et une très grande partie du
Maroc, appartient à cette vaste zone de climat méditerranéen
sec qui a été marquée, du point de vue historique, par une
évolution extraordinairement nette. C'est là, en effet, que se
5 sont développées et maintenues pendant des millénaires les
civilisations les plus anciennes que nous connaissons, avec
celles de l'Asie méridionale et orientale, civilisations aux-
quelles nous continuons à devoir beaucoup.

Et c'est là qu'aujourd'hui se posent, pour les populations
10 qui continuent à y vivre, les problèmes ruraux les plus aigus
qui soient, du fait de l'appauvrissement continu des sols et
des activités agricoles dominantes. Ces mêmes pays qui ont
vu prospérer successivement, au Moyen-Orient et sur tout
le pourtour du bassin méditerranéen, tant de cités, d'états et

d'empires, de la Mésopotamie et de l'Egypte à la Grèce et à 15
l'Espagne, en passant par la Sicile, l'Italie méridionale,
l'Afrique catharginoise, kairouanaise, les sultanats maghrébins . . . paraissent maintenant moins des pays sous-
développés que des pays usés, desséchés, déboisés. Les sols
productifs sont devenus l'exception; les forêts, et les grands 20
pâturages ont disparu; les vergers, les jardins irrigués, les
riches cultures ne semblent pouvoir s'étendre que dans quelques plaines deltaïques ou secteurs sublittoraux dominés
souvent par des massifs montagneux quasi-lunaires, d'où
ne leur parviennent que des eaux torrentielles et dévasta- 25
trices. Il n'apparaît cependant pas que le climat ait changé
depuis l'Antiquité, ni que les populations aient, quoiqu'en
prétendent bien des 'observateurs' et des 'historiens',
imprégnés de préjugés racistes, perdu le goût du travail
agricole et l'amour de l'arbre, ni oublié les méthodes 30
élémentaires de protection et d'utilisation des sols.

Mais les sociétés méditerranéennes ont été appauvries,
ruinées par la concurrence écrasante des producteurs
esclavagistes du Nouveau-Monde à partir du seizième siècle
(or, coton, canne à sucre, etc. . . .), puis par l'essor des puis- 35
sances capitalistes industrielles de l'Europe occidentale,
avant de souffrir de leur conquête coloniale – dans le cas de
l'Afrique du Nord spécialement.

Cette évolution générale de l'économie et de la société,
bien plus que les causes habituellement invoquées et qui 40
n'ont joué en comparaison qu'un rôle secondaire, explique
en définitive le visage pris par les pays méditerranéens.

L'Algérie en marche vers le socialisme
(numéro spécial d'*Economie et Politique*, mai
1965)

17 kairouanaise: de Kairouan, ville de Tunisie célèbre pour sa

mosquée; maghrébins: du Maghreb, nom arabe pour le Maroc,
l'Algérie et la Tunisie. 23 sublittoraux: immédiatement derrière le
littoral.

[98]

1 A Oberwesel, en 1941, les adolescentes qui croisaient nos
rangs dans les rues ne se privaient pas de nous suivre de ce
long regard sournois qui s'échange entre filles et garçons
dans tous les pays du monde. Je me souviens qu'un jour
5 de juin où par extraordinaire nous avions obtenu l'autorisation de nous baigner dans le Rhin, trois d'entre elles vinrent
effrontément folâtrer dans la portion du fleuve qui nous
avait été réservée. Les sentinelles leur intimèrent l'ordre de
s'éloigner, mais, encouragées par nos rires, elles n'obéirent
10 pas sans protestations. Finalement, au fil de l'eau, elles
vinrent atterrir sur la berge, cent mètres au-delà de l'enclos
où nous nous ébattions. Pour regagner l'endroit d'où elles
étaient parties et où les attendaient leurs vêtements, il fallait
remonter le Rhin. Elles prirent le chemin qui longeait la
15 rive et qui traversait nécessairement notre domaine. Deux
d'entre elles, vêtues de maillots, les seins bas et lourds qui
sont le défaut de la race, avançaient silencieuses et les yeux
baissés, partagées entre la honte et la hardiesse. Mais la
troisième, qui allait en tête, entièrement nue fors le cache-
20 sexe et l'étroit soutien-gorge qui moulait une poitrine petite
et haut placée, le visage altier et l'œil impérieux, semblait
s'offrir comme un symbole vénusien à nous tous qui la
regardions. Elle allait pénétrer sur notre terrain quand le
sous-officier allemand se précipita au-devant d'elle pour lui
25 interdire le passage, les bras en croix, rouge, offensé, furieux,
hachant terriblement sa paille germanique, cependant que
nous suivions la scène avec un amusement inexprimable:
car enfin il ne nous était pas désagréable de voir cet Allemand
réduit au rôle de mentor pudibond, et l'appareil militaire

hitlérien mis en œuvre pour nous défendre contre la pro- 30
vocation d'une belle fille allemande.

Francis Ambrière: *Les grandes vacances*
(Editions de la Nouvelle France, 1946)

5 par extraordinaire: exceptionellement. 10 au fil de l'eau: suivant
le courant. 26 hachant terriblement sa paille germanique: *spluttering Teutonic noises.*

[99]

Vingt minutes de vol à bord d'un bimoteur Herald de la 1
British United séparent les récepteurs de télévision française
de Saint-Brieuc de l'émetteur indépendant de Jersey.

C'est dans la banlieue résidentielle de Saint-Hélier,
capitale des îles anglo-normandes, au lieu dit Rouge- 5
Bouillon, que les bâtiments de Télé-Channel, parallélépipèdes de béton et de glace, ont été construits. De l'avis des
spécialistes, cette station destinée à fournir des programmes
à Jersey, Guernesey, Herm, Sark et Alderney, est la plus
moderne d'Europe. Société anonyme, dont les actions sont 10
cotées en bourse, Télé-Channel utilise pour émettre en 405
lignes sur le canal 9, avec une puissance de 10 kW, l'antenne
relais que la B.B.C. et I.T.A. (Independent Television
Authority) ont installée en commun au nord de l'île.

Le but initial étant la couverture des îles, l'émetteur de 15
Télé-Channel a été orienté avec une ouverture de 308° vers
le nord-ouest. Il tourne donc le dos à la France, qui reçoit
cependant les programmes émis depuis Saint-Hélier.

La station commerciale fonctionne avec soixante-cinq
personnes, dont six en poste à Guernesey et treize à 20
Londres. C'est dire que les services groupés à Jersey
(actualités, programmes, technique, publicité et documen-

tation) n'occupent que quarante-six personnes, y compris
les secrétaires!

25   De 11 heures du matin à minuit, le dimanche de 9 heures
à minuit, les émissions se succèdent, fabriquées à Jersey
même ou retransmises de Londres ou de Bristol: émissions
scolaires, reportages, dessins animés, films, interrompus
pendant sept minutes toutes les heures par la publicité, qui
30 fournit seule les ressources de la station.

Un seul plateau avec deux caméras suffit aux émissions
telles que magazine des îles, bulletins d'information, pré-
sentations et interviews. La station ne peut pas assurer de
'direct extérieur', les cars de reportage trop coûteux ne
35 figurant pas encore dans l'équipement. Par contre, la salle
des télé-cinémas est parfaitement aménagée et les appareils
couplés, de fabrication anglaise, nous ont paru parfaitement
au point.

Mais il semble bien que ce soit la régie finale qui ait fait
40 l'objet de tous les soins. En effet, la station doit être un
instrument rentable et sûr. Les actionnaires attendent des
dividendes, il convient donc de travailler le plus écono-
miquement possible. Ainsi, pendant les soirées où ne figurent
aucune émission en direct, la station fonctionne avec quatre
45 membres du personnel: un au contrôle, un au télé-cinéma,
un annonceur, un en régie finale. Quand on voit évoluer ces
techniciens, dont la plupart ressemblent à des collégiens –
beaucoup ont de seize à dix-huit ans et ont été formés sur
place en quelques semaines – on en arrive à penser que la
50 télévision est peut-être une chose moins compliquée qu'il ne
paraît.

L'ingénieur de la station, qui n'a guère plus de vingt-
cinq ans, m'a fait remarquer qu'il n'était pas nécessaire pour
conduire une caméra électronique de connaître exactement
55 son fonctionnement scientifique et les calculs qui avaient
permis de la réaliser. 'On apprend à se servir des boutons et
des manettes en quelques jours, on conçoit vite ses possi-

bilités. Il suffit qu'il y ait un bon électronicien pour les dépannages. . . . Combien d'automobilistes savent comment fonctionne le moteur de leur voiture? Ça ne les empêche pas 60 de conduire.'

On remarque également que les méthodes de travail sont différentes de celles que nous connaissons à l'O.R.T.F. Les jeunes caméramen ne dédaignent pas de régler un projecteur, de clouer un décor. Le responsable du télé-cinéma 65 fait un montage de films publicitaires et, à l'occasion, rédige un panneau-annonce ou va préparer le thé! L'entreprise a quelque chose d'artisanal, il y règne un esprit boy-scout, et les règlements syndicaux qui maintiennent à la B.B.C. comme à l'O.R.T.F. la stricte observance des 70 qualifications professionnelles n'ont à Télé-Channel aucune chance d'être jamais respectée.

Entreprise privée, gérée comme telle, la station de Jersey démystifie la télévision.

Maurice Denuzière dans *Le Monde*, 22 juin
1965 (© Le Monde – Opera Mundi)

6 parallélépipèdes: *box-like structures.* 31 plateau: *set.* 34 direct extérieur: *outside transmissions.* 36 télé-cinémas: projection par télévision de matériaux enregistrés sur film et sur bande par opposition à ce qui est transmis en direct; appareils couplés: *coupling apparatus, linking console.* 38 au point: parfaitement réglé. 39 régie finale: *final coordination.* 46 en régie finale: *in charge of final coordination (master control).* 63 O.R.T.F.: Office de Radiodiffusion-Télévision Française. 67 panneau-annonce: *announcer's panel, teleprompt.*

[100]

La section allemande, reconstituée après l'effondrement de 1 l'hitlérisme, de la Société Internationale de Musique Contemporaine, publiait à l'époque, à Berlin, une excellente revue, dénommée *Stimmen – Les Voix*. Pour cette revue, son rédacteur en chef me demanda un article assez développé 5

133

sur la musique contemporaine française. J'acceptai avec la satisfaction que l'on devine, et, au cours de mes travaux préparatoires, je me souviens de Boulez. . . . Je lui écrivis donc, le priant de passer me voir, muni de ses partitions, et de me réserver assez de temps pour que nous puissions parler utilement. Il ne vint pas, mais me répondit par la lettre suivante:

Cher Monsieur, je pense qu'il est préférable que vous me connaissiez mal et que vous ignoriez tout de ma musique. Car le peu que j'ai entendu de vos chroniques musicales à la Radio me fait souhaiter que vous ne parliez pas de moi dans une étude sur la jeune musique contemporaine française, fût-ce – et surtout – dans une grande revue.

Excusez cette attitude qui vous paraîtra certainement orgueilleuse et insensée; qui me paraît légitimée outre mesure.
Pierre Boulez.

J'ai soigneusement conservé cette lettre, car c'était pour la connaissance de l'homme Boulez un premier document capital.

En la lisant et relisant – non sans difficulté d'ailleurs, car les pattes de mouche de Boulez ne m'étaient pas encore devenues familières, comme depuis – je me disais: je ne sais pas encore vraiment si Boulez est quelqu'un de remarquable comme musicien; mais je suis certain que voilà un garçon qui a du caractère. Car j'aurais aimé connaître n'importe quel autre compositeur, jeune ou vieux, inconnu ou célèbre, qui eût refusé de se rendre à une semblable invitation, qui eût laissé passer de la sorte l'occasion de voir son nom imprimé dans l'une des grandes revues européennes s'occupant de musique. Cet oiseau rare, je venais de le rencontrer: un jeune artiste qui, non seulement ne transigeait pas sur les principes de son art, mais qui étendait son intransigeance à ses fréquentations, même si elles devaient lui être profitables le plus honorablement du monde. Je

crois que, dès ce jour, alors que je n'avais encore que lu – et 40
assez vite, et assez mal – une seule œuvre de Boulez, je
savais déjà l'une des qualités majeures de sa musique:
c'était, ce devait être un reflet de pureté.

Antoine Goléa: *Rencontres avec Pierre Boulez*
(Julliard, 1958)

17 fût-ce: même. 20 outre mesure: à l'excès. 26 pattes de
mouche: *spidery writing*. 33 de la sorte: ainsi. 38 à ses fréquentations: aux gens qu'il fréquentait.

[101]

Cigarette sur cigarette,   1
Mort d'ennui, je grille mon jour.
Pas une histoire dans la tête,
Au cœur des os pas un amour.

Pas une image pour en faire   5
Quelque raison de parler haut.
Et quel désordre . . . A toi la pierre,
A moi la corde, à d'autres l'eau.

Compas rouillés, routes perdues:
On entend cogner sans raison,   10
Dans la cale des avenues,
Cette invendable cargaison.

Bâbord: la première nuit blanche,
Et je disais toujours demain . . .
Tribord: le repos de ta hanche,   15
Le sommeil campeur de la main.

Un paresseux sans yeux ni bouche
Blesse le temps, compte les coups,
Gardez la dernière cartouche,
20   Et que nul n'ait pitié de vous.

Alexandre Toursky: *Connais ta liberté*
(Editions Laffont 1949)

[102]

1 Lauterbourg n'est pas un endroit de grand passage. Nulle
voiture, ce jour-là, n'était arrêtée devant le poste des
douaniers français, et Rébecca, en réduisant les gaz pour
mettre le moteur au ralenti, en freinant et en débrayant,
5 pensa qu'elle avait de la chance puisqu'elle était pressée.
Mais les douaniers, eux, ne devaient pas l'être, ou ils
n'avaient pas vu la motocyclette, car personne ne se
montrait.   Donner un coup d'avertisseur aurait été d'un
genre insolent à l'égard de fonctionnaires qui pouvaient
10 être susceptibles et faire payer cher leur mauvaise humeur,
s'ils avaient l'impression d'être traités cavalièrement. Bien
qu'elle se sentît fièrement amazone en comparaison des
gens du poste, Rébecca eut la prudence de les ménager, et
elle se borna à signaler sa présence en faisant pétarader un
15 peu l'échappement, très au-dessous, d'ailleurs, du maximum de sonorité. Alors la porte s'ouvrit, et un douanier, qui
devait être antillais, parut avec un homme couvert d'un
imperméable tabac, coiffé d'un feutre.   Celui-ci demanda
son passeport à Rébecca, et puis, l'ayant examiné, la regarda
20 de plus près avec quelque surprise.

– C'est une dame, dit-il au noir. Une jeune dame.

– Cela pourrait être un jeune diable aussi, dit le douanier.
J'irais bien en enfer avec lui, s'il me laissait monter sur sa

136

machine, par derrière, et me tenir serré tout contre pour ne
pas tomber.   25

Il effleurait de la main en parlant la taille de Rébecca,
avec une galanterie de danseur, et elle se sentit coupable et
elle eut peur parce que la combinaison seulement protégeait
son corps nu de l'attouchement, et parce que l'homme aurait
pu lui demander de l'ouvrir, s'il avait eu soupçon de quelque 30
contrebande, ou sous prétexte de soupçon et par simple
curiosité. Comme elle n'osait protester ni se dérober, la
main du noir se fit plus flatteuse, et il lui demanda distraite-
ment si elle avait des marchandises.

– Aucune sorte de marchandise, monsieur, dit Rébecca.   35

Ce 'monsieur' fut prononcé avec tant de docilité que le
noir entendit la nuance et prit un air vainqueur en regardant
son compagnon, qui devait être un commissaire de police en
noviciat. Rébecca s'attendait au pire, pensant à sa nudité
comme à un objet saisissable, qu'elle portait furtivement 40
hors de France pour en faire livraison à un amant étranger.

– Il n'y a rien d'autre que moi, comme vous voyez, dit-
elle.

– C'est une jolie marchandise, dit le noir, en la pressant
davantage. Montrez-moi les papiers de la moto.   45

Rébecca les tira du coffre qu'elle venait d'ouvrir pour y
prendre son passeport, une grosse boîte d'aluminium,
renflée en forme de sacoche, qui se fixait sur le garde-boue,
derrière la selle. Le commissaire s'approcha et jeta un coup
d'œil à l'intérieur.   50

– Tiens, dit-il, vous n'avez aucun bagage. Qu'est-ce que
vous allez faire en Allemagne ?

– Essayer la moto sur l'autoroute, dit Rébecca désespéré-
ment. En Alsace, les routes sont trop étroites et trop en-
combrées pour courir à tous gaz.   55

Les deux hommes rirent et le douanier rendit à Rébecca
ses papiers.

– Ne cours pas trop vite, dit-il encore. Et reviens un soir.

Il y a des disques, chez nous. Je t'apprendrai à danser sur le
60 bureau du commissaire. Tant pis pour les règlements. . . .

Il avait relevé la poutre à contrepoids qui barrait la route
à l'endroit précis de la frontière. De l'autre côté, un douanier
allemand attendait, car les postes sont presque contigus à
Lauterbourg, et il regardait le groupe avec une curiosité
65 timide, vaguement gênée, comme s'il y avait eu des singes
plutôt que des êtres humains dans l'autre pays. Le moteur
de la Harley n'avait pas cessé de tourner pendant le contrôle,
Rébecca mit la première vitesse en prise et embraya doucement, sans accélérer, laissant glisser paresseusement la
70 grosse machine vers la terre allemande. Elle passa la ligne
idéale qui séparait deux peuples naguère ennemis, et qui se
trouvait matérialisée par l'ombre de la barre sur le goudron
de la chaussée.

André Pieyre de Mandiargues: *La Motocyclette*
(© Gallimard, 1963)

3 en réduisant les gaz . . . au ralenti: *closing the throttle so as to let
the engine idle.* 13 ménager: traiter avec tact, avec douceur. 18 tabac:
couleur de tabac. 29 attouchement: action de toucher. 39 en
noviciat: en apprentissage. 40 saisissable: susceptible d'être saisi
par la douane. 55 à tous gaz: *full out.* 61 à contrepoids: *counter-
balanced.* 67 Harley: Harley-Davidson, marque de moto. 68 mit la
première vitesse en prise: *engaged first gear.*

[103]

1 Au moment où nous croyons épuisée toute faculté de s'étonner et d'admirer, nous entrons dans le Palais des Fées.

Les centaines de cavernes que j'ai explorées à ce jour, les
innombrables descriptions et photographies des plus
5 curieuses connues ne m'ont pas préparé aux merveilles de
celle-ci.

La profusion, la blancheur et les formes fantastiques des stalactiques et des cristaux qui partout scintillent sont inouïes. On est à l'intérieur d'une géode, c'est un palais de cristal; mais ce terme trop galvaudé, ce cliché usé ne suffit pas et ne décrit rien. D'ailleurs les spectacles les plus beaux sont indescriptibles, les mots demeurent impuissants à traduire ce qui impose l'admiration et le silence émerveillé. Renonçant à une description d'ensemble où je ne saurais qu'accumuler les superlatifs, je peux cependant signaler certains détails et dire que les concrétions exceptionnelles de cette caverne rappellent et dépassent même en pureté de coloris et délicatesse de formes les fleurs les plus rares et les plus somptueuses.

A côté de stalactites microscopiques et de cristaux géants d'une limpidité idéale, se voient des concrétions mates ou étincelantes, lisses ou épineuses, laiteuses, rouges, noires, et même d'un vert cru; ces couleurs étant dues à des infiltrations de minerais variés dont la montagne est ici très riche. Enfin signalons deux phénomènes encore inédits et inexpliqués: des aiguilles démesurées aussi fines que des fils d'araignée – qui tremblent et se brisent au moindre souffle – et des lanières argentées, ayant l'aspect brillant d'écheveaux de soie, qui pendent et se balancent aux voûtes et aux parois. Ces extraordinaires formations minérales sont si souples qu'on peut les enrouler autour du doigt et même les nouer.

. . . Au milieu de tant de merveilles notre marche est hésitante, il faut pourtant se résigner à fouler des parterres fleuris, à écraser sous nos souliers ferrés des amas de cristaux, à frôler et à briser aussi parfois des sceptres et des glaives de verre, des arbustes de corail et toute la prodigieuse floraison élaborée au cours des millénaires dans ce laboratoire secret de la Nature.

Norbert Casteret: *Aventures sous terre*
(Perrin, 1961)

1 En face des choses l'être verlainien adopte spontanément
une attitude de passivité, d'attente. Vers leur lointain inconnu il ne projette pas sa curiosité ni son désir, il ne tente
même pas de les dévoiler, de les attirer à lui et de s'en
5 rendre maître ; il demeure immobile et tranquille, content
de cultiver en lui les vertus de porosité qui lui permettront
de mieux se laisser pénétrer par elles quand elles auront
daigné se manifester à lui :

> Ferme tes yeux à demi,
> 10 Croise tes bras sur ton sein,
> Et de ton cœur endormi
> Chasse à jamais tout dessein. . . .

Repos, silence, détente, ouverture. L'œuvre verlainienne
illustrerait assez bien un certain quiétisme du sentir :
15 volonté de ne pas provoquer l'extérieur, art de faire en soi
le vide, croyance en une activité émanatoire des choses –
brises, souffles, vents venus d'ailleurs, – sur laquelle l'homme
se reconnaît sans pouvoir, attente de cette grâce imprévisible,
la sensation. Celle-ci lui est la messagère d'un univers loin-
20 tain, le signe physique d'un objet émetteur qui l'envoie
doucement s'imprimer sur la mollesse de l'esprit.

Mais entre l'objet qui l'a produite et l'esprit qui l'accueille en lui, la sensation a dû franchir de si vastes espaces
et percer de telles opacités qu'elle se trouve largement dé-
25 pouillée à son arrivée de la richesse signifiante et sensible
dont elle avait été investie à son départ. Eventée comme un
parfum trop longtemps débouché, elle ne présente plus à
l'esprit que la trace effacée, que la très vague suggestion de
cet objet dont elle devrait pourtant constituer le signe
30 irréfutable. Les étendues brumeuses de temps ou d'espace

qu'il lui a fallu parcourir ont émoussé sa vivacité, amoindri
sa particularité; elle ne vit plus que d'une vie atténuée, ex-
pirante, et qui ne se rattache plus qu'à grand'peine à la vie
plus chaude et plus précise du lieu ou du moment d'où elle
avait d'abord jailli.   35

Et l'on voit Verlaine préférer les odeurs évanescentes,
'l'odeur de roses, faible, grâce au vent léger d'été qui
passe', les paysages à demi fantomatiques, noyés d'irréalité
par la montée des brumes et des crépuscules, les sons déjà
tout pénétrés de silence, 'air bien vieux, bien faible et bien 40
charmant', qui 'rôde discret, épeuré quasiment', et qui va
'tantôt mourir par la fenêtre ouverte un peu sur le petit
jardin', toutes sensations à demi mortes et qui ne contien-
nent plus en elles aucun renvoi précis à leur origine con-
crète – rose, campagne ou piano. Leur charme est justement 45
de se délivrer de cette origine, d'en abolir en elles jusqu'à
la notion, et de vivre d'une existence autonome, privée
d'attaches, d'une vie qui n'appartient qu'à elles et qui, si
fragile qu'elle nous semble, si voisine de la disparition, ne
doit plus rien à rien, ni à personne. Ayant détruit en elles 50
par leur progressif affaiblissement toute référence et même
toute allusion à un monde réel, ces sensations vivent un
court instant en nous, irréelles et cependant présentes,
messagères vides de tout message, absurdement et délicieuse-
ment suspendues dans l'équilibre instable de leur gratuité. 55

Jean-Pierre Richard: *Poésie et profondeur*
(Editions du Seuil, collection Pierres vives,
1955)

14 quiétisme: doctrine de résignation et d'inaction.

1 Encore la cour d'assises et ses misères. Micheline Hyard,
accusée d'infanticide, porte son crime sur son visage de petit
animal apeuré. C'est la peur aussi qui, tout à l'heure, durcira
sa voix, fera vaciller ses prunelles affolées dans l'amande
5 des orbites. En vain la patiente douceur du président Prevost
s'efforcera d'apprivoiser ce petit cerveau qui se ferme,
n'ayant sans doute nul autre recours.

Elle n'était pas une méchante fille. Dès l'école, on la
disait peu douée intellectuellement mais de bonne conduite.
10 Quand elle fut en âge de travailler, elle le fit à la satisfaction
de ceux qui l'employaient. De la vie elle connaissait peu de
chose: la simplicité du foyer paternel, que l'on dira fruste.
En 1958, à vingt ans, elle le quitte pour vivre avec un
Algérien, Kadji Talma. On avait cherché à la retenir.
15 Pourquoi n'a-t-elle pas écouté ces sages conseils?

'Sais pas, m'sieur.

– Votre père dit que vous aviez alors un caractère insupportable.

– Oui, m'sieur.'

20 En 1959 la voilà enceinte. Au bout de cinq mois Talma,
le père, la chasse. Elle revient chez ses parents, explique.
Alors?

Elle parle, le front un peu crispé. 'Mon père m'a dit:
"Je te mettrai dehors quand ça se verra. J'en ai marre
25 d'élever les enfants des autres. Pas de gosse de raton ici.
Celui-là, rapporte-le à ton amant, et s'il n'en veut pas mets-le
à l'Assistance."'

Aux imprécations du père se sont jointes celles d'un
frère.

30 'Nous sommes ici pour tout entendre,' dit le président.

Eh bien! oui, le frère a dit: 'Tu aurais pu rester avec ton bicot!'

La voilà prévenue. Le 19 février 1960, à la maternité de Saint-Denis, l'enfant naît. Le 21 voilà encore le frère:

'Il m'a dit comme ça: "Si tu reviens, le père s'en va ou fait un mauvais coup." J'ai eu peur, je ne sais plus, ça m'a beaucoup travaillé. Alors d'un seul coup j'ai eu l'idée de faire ça.'

Les doigts nerveux se nouent un peu plus. Elle comprend qu'on veut les détails et les livre d'un trait, avec un frémissement.

'Je me suis tournée du côté de l'enfant. J'ai passé la ficelle et j'ai tiré très fort. J'ai défait la ficelle, je l'ai remise au sac où je l'avais prise et j'ai eu très peur.'

Les paupières relevées se baissent. Elle attend.

'Vous n'avez pas eu beaucoup de remords?

– Si, m'sieur.

– Vous vous êtes rendormie?

– Je dormais sans dormir.'

Ce remords, la surveillante-chef de la clinique l'a-t-elle vu, perçu?

'C'est difficile de lire sur le visage de Mlle Hyard,' a-t-elle répondu.

Le père est venu, comme on l'attendait, arraché à son travail de chauffeur de chaudière, son casque de moto à la main. C'est vrai qu'il a dit qu'il ne voulait pas les enfants d'Algérien. C'est vrai qu'il a crié en le disant. 'J'avais déjà trois enfants de mon autre fille à la maison.' Puis, presque honteux: 'J'ai une petite paye: 47.000 francs à l'époque.' Toute sa réponse, sa justification est là.

Talma aussi a déposé, embarrassé par sa condition d'Algérien à l'heure qu'il est. De là ses mensonges, son obstination puérile à dire qu'il ne savait pas Micheline enceinte, qu'il n'était peut-être pas le père. Pourtant, depuis qu'elle a été laissée en liberté provisoire, elle est revenue à lui, ils ont eu un nouvel enfant. L'épousera-t-il ? Il ne dit pas oui. Il demandera à sa mère. . . .

Quant aux psychiatres, ils disent Micheline Hyard normale.

70 L'avocat général Dubost requiert sans rigueur. Il dit notamment que ce procès nous révèle que malgré les efforts pour rendre moins cruelle la condition des mères célibataires, il y a encore en France beaucoup de choses qui ne vont pas bien. Il veut une peine de principe et suggère un an de
75 prison avec sursis. Mᵉ Remy Morin plaide intelligemment l'acquittement. La cour et le jury ont jugé l'un et l'autre excessif dans l'indulgence : deux ans de prison avec sursis. Il reste à Micheline Hyard à continuer de vivre.

J.-M. Théolleyre dans *Le Monde*, 7 octobre 1961 (© Le Monde – Opera Mundi)

5 président: *presiding judge.* 24 ça se verra: ça sera visible; j'en ai marre (*familiar*): j'en ai assez. 25 raton: petit rat – nom familier et péjoratif pour Nord-Africains. 27 l'Assistance: l'Assistance Publique. 32 bicot: nom familier pour chevreau (*kid-goat*) – terme péjoratif pour Nord-Africains. 33 maternité: hôpital pour accouchements. 36 fait un mauvais coup: *will do something violent.* 59 47.000 francs: c'est à dire 47.000 anciens francs par mois (100 anciens francs = 1 nouveau franc). 62 à l'heure qu'il est: c'est à dire en pleine guerre d'Algérie. 70 l'avocat général: *public prosecutor*; requiert (*inf.* requérir): *calls for a penalty.* 75 avec sursis: lorsqu'une peine est prononcée avec sursis, elle n'est appliquée que si le condamné commet un autre délit dans les cinq années suivantes; Mᵉ: Maître, titre d'avocat.

[106]

1 Il allait solennellement de l'un à l'autre. Son corps énorme, avec une aisance qui m'émerveillait, se glissait entre les tables. Dans un équilibre étonnant, il portait son plateau

surchargé de bouteilles, de verres, de tasses qui se balan-
çaient dans les airs, et ainsi il faisait planer, sur la foule 5
houleuse qui gesticulait avec véhémence, cette charge
toujours menaçante, mais dont jamais un grain de sucre ne
tombait.

Et on lui lançait des appels de toutes parts. Mais lui,
conscient de sa dignité, n'y répondait que d'un léger signe 10
de tête. Sans broncher ni faire une erreur, il distribuait
suivant la plus stricte justice, les multiples consommations
que la clientèle altérée aspirait à boire. A chacun son dû. Pas
de passe-droit. Et du calme! Quand, dans un moment de
répit, il arrivait juste au milieu de la terrasse, il s'y arrêtait, 15
faisait face au cours et, avec lenteur, il promenait un regard
de satisfaction sur toutes ces têtes. On sentait à ces moments-
là qu'il ne servait pas, mais régnait, sans discussion possible.
Son visage gras, mais carré, exprimait la maîtrise de soi, la
capacité et la vigilance. L'œil mi-clos, aux grosses paupières, 20
qui semblait insensible, avait une lourdeur qui faisait peser
le regard jusqu'à provoquer un vague malaise. La bouche,
mince comme un fil, démentait la bonhomie des paroles
émises sur un ton familier, mais toujours courtois. C'était
une bouche taillée à ne pas dire toute sa pensée. Les joues 25
larges et coléreuses reposaient cependant sous une volonté
qui les contraignait à rester impassibles. Tel Léon se dressait
au-dessus de son peuple, sur la terrasse de l'hôtel.

Henri Bosco: *L'Antiquaire* (© Gallimard,
1954)

13 pas de passe-droit: *no favours.* 16 cours: boulevard.

1 Au bas de l'escalier, la patronne de l'immeuble, une vieille
à papillotes, parlait avec deux femmes détendues dans leurs
peignoirs. J'arrivais timidement, au ralenti, sans toutefois
savoir s'il y aurait des gens à affronter, ne me sentant jamais
5 de taille à aller de l'avant, le nez haut, et à frapper du talon,
comme ceux qui s'estiment bien chez eux sur la terre.

En me voyant, la vieille a hurlé, mais c'est moi qui avais
peur. Et j'ai hurlé plus fort, cherchant là une contenance.

'Je suis le nouveau locataire. . . .'

10 J'avais une telle dégaine qu'on eût pu me croire, en effet,
capable du pire.

'Il faut m'excuser, mon pauvre monsieur, c'est à cause de
cette nuit. Ils ne vous ont rien fait, à vous ?

– Qui, madame ?

15 – Les Allemands.'

Les deux autres femmes me lorgnaient, craintives. Une
d'elles s'est mise un peu en retrait, afin de faire des signes à
la vieille, un doigt sur les lèvres et les yeux débordants.
Qu'elle se méfie. J'avais une bobine de traître. Mais la
20 vieille ne voyait rien, trop heureuse de soulager son cœur
qui n'était plus fait pour les coups durs et les visites
nocturnes.

'Je n'étais pas là, cette nuit. Je travaillais. Qu'est-ce
qu'il y a eu ?

25 – Ils recherchaient les Juifs. Alors, ils sont entrés dans
toutes les maisons de la rue, dans toutes les chambres.
Fallait vite leur ouvrir. En bas, il y avait des voitures et des
soldats qui attendaient. Mon pauvre jeune homme ! Ici, ils
ont emmené un monsieur qui habitait au troisième, avec sa
30 mère.'

Je n'écoutais plus, pris d'une soudaine angoisse qui me

séchait la gorge, collait ma peau aux vêtements, mes mains
à la lettre aux chers parents et au billet de cent balles que
j'égratignais, que je malmenais au fond de ma poche.

'Et Nathalie ?   35

– Qui est Nathalie ? dit la vieille en regardant les femmes
l'une après l'autre.

– La jeune fille qui vous a loué la chambre que j'habite.
Vous savez bien, non. . . . Elle demeure en face. . . .'

La vieille se souvint tout d'un coup. Elle secoua ses 40
papillotes, contente d'avoir encore quelque mémoire.

'Mais oui! Une gentille personne. Elle a versé trois mois
d'avance pour votre loyer. Douze cents francs. C'est votre
sœur, peut-être bien ?'

D'un grand pas en avant, irréfléchi, je fis reculer tout le 45
monde contre les murs du couloir.

'Ils ne l'ont pas emmenée ?

– Je ne peux pas vous répondre, mon pauvre monsieur.
Faut aller voir . . . . Une jeune fille si bien.'

Yves Gibeau: *. . . et la fête continue*
(Calmann-Levy, 1950)

3 au ralenti: *in slow motion*. 5 de taille à: capable de. 10 j'avais une
telle dégaine (*familiar*): j'avais l'air si étrange. 17 s'est mise un peu
en retrait: *stepped back a little*. 19 bobine (*familiar*): tête, visage.

[108]

Le département de l'Ain me tient à cœur pour différentes   1
raisons personnelles mais, dans l'esprit de tous les Français,
il occupe, sans grand mérite, une place de choix qui est due
à l'ordre alphabétique. Ain. On peut même dire qu'avec
ce petit mot geignard et mal embouché la nomenclature   5

s'annonce plutôt mal. Les noms des quatre-vingt-trois départements français n'ont jamais chanté à mes oreilles comme le vivant poème de l'amour patriotique, j'en trouve la déclamation froide, monotone et scolaire quand elle n'est
10 pas tristement associée à l'atmosphère trouble des scrutins. Mon jugement est évidemment marqué d'un parti pris contre les réformateurs brouillons de la Constituante, je le reconnais, mais il a sa véritable origine dans l'affreux souvenir des leçons de géographie qui obligeaient encore les
15 gamins de ma génération à savoir par cœur la liste des départements avec chefs-lieux et sous-préfectures. Nos maîtres, et ceux du secondaire aussi bien, y mettaient parfois une ardeur et une exigence qui frisaient le fanatisme, allant jusqu'à prohiber comme indécent le secours mnémotech-
20 nique des calembours inventés par nos grands-pères. Ces leçons demeurent le point névralgique de mes souvenirs d'écolier et certains départements comme la Lozère ou le Tarn-et-Garonne m'apparaissent encore tout embués derrière un rideau de pleurs. J'ai bien essayé, plus tard, de
25 savoir si cet exercice faisait partie des disciplines pédagogi- ques dont les fruits mûrissent à notre insu, comme ces divisions à décimales, ces calculs d'intérêt ou ces hypo- ténuses dont la vie m'a toujours refusé l'usage mais qui, peut- être, fonctionnent discrètement dans les routines de l'incon-
30 scient pour me livrer tout faits je ne sais quels quotients déguisés dont je tire profit sans m'en apercevoir. Ce sont là des bienfaits incontrôlables. Quoi qu'il en soit, l'Ain, vu sa situation en tête de file, fut de bonne heure le seul départe- ment dont je connusse parfaitement chef-lieu et sous-
35 préfectures, et ce mot trompeteur, cette nasale outrancière, cette voyelle excessivement française, me faisait penser à quelque chose de dur et de sonore ; entre l'Ain et l'airain se nouèrent obscurément de ces relations d'enfance qui durent toute la vie, je voyais un pays de vieilles montagnes où
40 résonnaient encore les échos de l'âge de bronze et peuplé de

vrais Gaulois justement installés au sommet de la hiérarchie départementale.

Jacques Perret: *La Bête Mahousse*
(© Gallimard, 1951)

10 scrutins: le mot évoque les batailles électorales dont les résultats sont publiés selon la liste alphabétique départementale. 11 parti pris: *bias*. 12 Constituante: premier parlement de la Révolution (1789) qui ébaucha les réformes à faire et qui fit, parmi d'autres proclamations, la division de la France en départements. 16 cheflieu: ville principale d'un département et résidence du préfet; souspréfectures: villes où habite un sous-préfet. 17 secondaire: enseignement secondaire. 21 point névralgique: point sensible. 30 tout faits: *ready-made*.

[109]

Je décidai de perdre la parole et de vivre en musique. J'en 1
avais l'occasion chaque soir vers cinq heures. Mon grand-
père donnait ses cours à l'Institut des Langues Vivantes;
ma grand-mère, retirée dans sa chambre, lisait du Gyp; ma
mère m'avait fait goûter, elle avait mis le dîner en train, 5
donné les derniers conseils à la bonne; elle s'asseyait au
piano et jouait les Ballades de Chopin, une Sonate de
Schumann, les variations symphoniques de Franck, parfois,
sur ma demande, l'ouverture des Grottes de Fingal. Je me
glissais dans le bureau; il y faisait déjà sombre, deux bougies 10
brûlaient au piano. La pénombre me servait, je saisissais la
règle de mon grand-père, c'était ma rapière, son coupe-
papier, c'était ma dague; je devenais sur-le-champ l'image
plate d'un mousquetaire. Parfois, l'inspiration se faisait
attendre: pour gagner du temps, je décidais, bretteur illustre, 15
qu'une importante affaire m'obligeait à garder l'incognito. Je
devais recevoir les coups sans les rendre et mettre mon

courage à feindre la lâcheté. Je tournais dans la pièce, l'œil
torve, la tête basse, traînant les pieds; je marquais par un
20 soubresaut de temps à autre qu'on m'avait lancé une gifle ou
botté le derrière, mais je n'avais garde de réagir: je notai le
nom de mon insulteur. Prise à dose massive, la musique
agissait enfin. Comme un tambour vaudou, le piano
m'imposait son rythme. La Fantaisie-Impromptu se sub-
25 stituait à mon âme, elle m'habitait, me donnait un passé
inconnu, un avenir fulgurant et mortel; j'étais possédé, le
démon m'avait saisi et me secouait comme un prunier. A
cheval! J'étais cavale et cavalier; chevauchant et chevauché,
je traversais à fond de train des landes, des guérets, le
30 bureau, de la porte à la fenêtre. 'Tu fais trop de bruit, les
voisins vont se plaindre,' disait ma mère sans cesser de
jouer.

Jean-Paul Sartre: *Les Mots* (© Gallimard,
1964)

4 Gyp: nom de plume de Sibylle de Riquetti de Mirabeau, com-
tesse de Martel Janville (1849–1932), auteur de romans et de
feuilletons à succès; 13 image plate: *tame likeness*. 29 à fond de
train: à toute vitesse.

[110]

1 La ville de Mourenx est une ville neuve de 13.000 habitants
surgie dans une commune rurale qui avait, avant l'ouverture
des chantiers, moins de 250 habitants. Pour trouver cas
semblable, il faudrait aller dans les zones minières du Nord
5 et de l'Est, mais là il s'agit d'ensembles résidentiels (ne
constituant pas nécessairement des villes au sens propre du
terme). Mourenx est, dans sa région, une exception. Les
communes environnantes ont subi des accroissements plus

ou moins sensibles de population, ont connu quelques con- 10
structions, mais *la ville* du complexe industriel de Lacq, c'est
Mourenx. La ville a été conçue pour loger le personnel des
industries du complexe. Progressivement, les promoteurs et
l'administration départementale ont pris conscience qu'il ne
suffisait pas de loger, qu'il fallait faire *habiter*, c'est-à-dire 15
créer les bases d'une existence globale. Seulement Pau est à
vingt kilomètres, et une bonne partie des cadres supérieurs
de l'industrie, malgré la création d'une zone de pavillons
coquets hors des ensembles d'immeubles collectifs, préfère
résider à Pau; une partie importante des habitants de Lacq
possède des voitures et va faire ses achats à Pau. La contra- 20
diction est flagrante: pour faire de Mourenx une ville, il
faudrait y implanter des services, un complexe commercial
aussi complet que possible. Le souci de rentabilité, aggravé
par les habitudes déjà prises d''évasion' de la clientèle vers
les magasins palois qui sont particulièrement attrayants, 25
freine les initiatives. Mourenx n'est plus tout à fait un
centre-dortoir, mais elle n'est pas encore tout à fait une ville,
avec sa vie de cité. Le sera-t-elle jamais ? Son destin n'est-il
pas de s'intégrer dans une grande agglomération paloise de
disposition linéaire ? et peut-être un jour, quand le gaz sera 30
épuisé, de se retourner vers le marché d'emploi de la ville de
Pau.

Pierre George dans *Population*, janvier-février
1965

3 chantiers: *building-sites*. 8 plus ou moins sensibles: *fairly notice-able*. 10 Lacq: site d'un gisement de gaz naturel dans les Basses-Pyrénées. 16 cadres supérieurs: *managerial staff*. 18 immeubles collectifs: ensembles d'appartements. 25 palois: de Pau. 30 de disposition linéaire: étroite et allongée.

1 Qu'est-ce qu'un grand collectionneur ? C'est un homme
obstiné, discret et fortuné dont le public ne connaît que le
nom, et seulement après sa mort si sa collection est mise en
enchères ou léguée par lui aux musées nationaux.

5 Encore que la vie de beaucoup de grands collectionneurs
soit tantôt curieuse, tantôt émouvante, et quelquefois même
mouvementée, la plupart aiment rester dans l'ombre et
quelques-uns vont jusqu'à prendre les précautions nécessaires pour y rester après leur mort. C'est le cas d'André
10 Lefèvre, dont le testament enrichit le Musée national d'Art
moderne d'une trentaine de pièces particulièrement représen-
tatives qui lui manquaient jusqu'àlors (les crédits, toujours
ces crédits !) : des Picasso, des Braque, des Léger de l'époque
cubiste, des Derain fauves, des Juan Gris, un admirable
15 portrait de Modigliani, un non moins admirable paysage de
Klee . . . .

Le legs est actuellement présenté avenue du Président-
Wilson : quelque deux cent cinquante toiles constituant le
noyau de la collection Lefèvre, plus onze toiles de peintres
20 appartenant à une génération plus proche de nous.

Quant à l'auteur de cette collection, le catalogue de pré-
sentation ne nous donne aucun renseignement sur ses
origines ou sa carrière. Ni la date de sa naissance ni même
celle de sa mort ne sont mentionnées. Une photographie en
25 profil perdu nous le montre toutefois assis à son bureau et
délaissant ses paperasses pour regarder une toile de Beaudin
accrochée au mur, derrière son dos.

A ce détail psychologique près, disons qu'il ressemble
à un quelconque président-directeur général d'une quel-
30 conque grosse affaire industrielle de Lille ou de Bordeaux.
Mais il serait déplaisant de contrarier davantage sa volonté

d'anonymat. Déplaisant et inutile. Car il est évident qu'on ne peut le connaître mieux qu'à travers la collection à laquelle il a consacré sa vie.

Elle (sa vie de collectionneur) commence au lendemain 35 de la Grande Guerre. Il se passionne pour les Fauves de 1907, pour les cubistes qui ont pris leur relève sous la houlette de Braque et de Picasso et, d'une façon générale, selon Jean Cassou, pour 'tout ce qui, dans ces années cruciales, ahurit le public, mais retient l'attention de 40 l'honnête homme'.

Quand on fait, en 1964, le bilan de cette collection, on s'aperçoit qu'on fait également le bilan de toute une époque de l'histoire de l'art. Ces Picasso, ces Léger, ces Laurens, ces Braque, ces Miro sont là, que vous avez tous vus en 45 feuilletant tel ou tel album et qui y figurent précisément parce qu'ils marquent un tournant ou un sommet dans la courbe d'une œuvre. Mais il y en a aussi d'autres qui, pour être moins célèbres, n'en sont pas moins importants.

Jean-François Chabrun dans *L'Express*,
12 mars 1964

14 fauves: du fauvisme, réaction contre l'impressionisme au début du vingtième siècle. 25 en profil perdu: *half-face*. 28 à ce détail psychologique près: à part ce détail. 29 président-directeur général: *chairman-and-managing director*. 37 relève: place; sous la houlette de: guidé par. 41 honnête homme: *cultivated amateur*. 46 tel ou tel album: *this album or that*.

[112]

Tout l'hiver, ils rêvent de foc et de grande voile. Un souffle 1 de vent dans la cheminée leur rappelle le jour où par 'force 6', ils ont failli démâter au large de la Bretagne. Ils dévorent

les revues spécialisées, pensent à acheter un bateau plus
grand. Le printemps venu, ils se penchent sur les cartes. Et
comme les quelque 300.000 plaisanciers de France n'ont pas
tous la vocation de Tabarly – ni un bateau de treize mètres –
et qu'ils ne disposent guère de plus de vingt-sept jours de
vacances, un grave problème se pose à eux: celui du havre
à la fois confortable et tranquille où ils pourraient enfin
oublier les rumeurs de la ville et les embarras de voitures.

Curieux phénomène en vérité que cette découverte de la
mer par nos compatriotes. Si l'on mesure le chemin parcouru
depuis la fin du siècle dernier, la chose paraît à peine
croyable.

Il n'est pas tellement loin le temps où la côte était réservée
aux pêcheurs, les ports aux marins, la mer aux peintres et
aux poètes: 'Homme libre, toujours tu chériras la mer',
chantait déjà Baudelaire – un précurseur.

Jusqu'au milieu de notre ère, le bateau habitable était le
privilège de quelques milliardaires – en anciens francs bien
entendu. Nantis d'un équipage, équipés eux-mêmes d'une
tenue *made in England*, ils n'avaient alors aucune difficulté
pour trouver sur la Côte d'Azur – leur séjour de prédilec-
tion – un mouillage.

L'avènement du dériveur léger a tout bouleversé. Mais
loin de mettre à mort le 'bateau de papa', signe extérieur de
richesse (seul le fisc le considère encore comme tel), il n'a
fait que le démocratiser.

Et en 1964, 100.000 bateaux sont sur l'eau ou vont l'être
bientôt. Sur ce chiffre, 35.000 dériveurs légers auxquels les
plages – quand il y en a – peuvent à la rigueur offrir un lit de
sable. Mais les autres, les bateaux de petite et de moyenne
croisière, à voile ou à moteur, les bateaux de haute mer qui
constituent cette 'quatrième marine' venue s'ajouter à celle
de guerre, de commerce et de pêche, ne savent plus où se
mettre.

L'embouteillage des ports de plaisance est tel que

l'O.R.T.F. a jugé utile de diffuser, chaque matin, un bulletin spécial à l'usage des navigateurs vacanciers, leur indiquant 40 où ils peuvent encore trouver un mouillage. Initiative intéressante certes, mais combien symbolique.

'La Rochelle, le bassin à flot est complet,' annonce la radio. A en juger par la forêt de mâts qui le couronne, je n'en doute pas un seul instant. Dans l'avant-port, l' 'Eloise II', sa 45 grande voile bleue claquant joyeusement sous la jolie lumière blonde du ciel rochelais, va quitter le quai. 'Vous allez vous saler la peau,' lance goguenard – et à mon intention – un vieux marin qui assiste à notre départ.

Janine Herbay dans *La Vie Française*,
24 juillet 1964

3 démâter: perdre les mâts. 6 plaisanciers: *amateur yachtsmen*. 7 Eric Tabarly: navigateur solitaire, vainqueur de la traversée atlantique 1964. 21 milliardaire: un milliard = 1000 millions; anciens francs: 100 anciens francs = 1 nouveau franc. 26 dériveur léger: *sailing dinghy*. 38 ports de plaisance: *yachting harbours*; 39 O.R.T.F. Office de Radiodiffusion-Télévision Française. 43 bassin à flot: *wet dock*. 47 rochelais: de La Rochelle. 48 à mon intention: *in my direction*.

[113]

Auprès de l'œuvre de Racine, tout autre théâtre est d'évasion. 1
La scène élisabéthaine ou romantique, l'expressionnisme ou le théâtre stylisé vers lequel se sont tournés les meilleurs de nos contemporains nous forcent à imaginer un espace et une durée qui nient le théâtre. Quand un auteur comme 5 Shakespeare veut renforcer son pouvoir d'action sur les spectateurs, il ne manque pas de comparer la vie au théâtre, l'homme à un acteur, afin de nous faire mieux oublier les conventions dont vit le théâtre. Avec Racine, point de ces

subterfuges. A une époque où les auteurs ont les oreilles
rebattues des lois d'Aristote – qui ne visent après tout qu'à
renforcer le pouvoir dramatique par la *vraisemblance* – ,
Racine est le seul qui puisse s'accomplir grâce à ces lois. La
tragédie est arrêt du temps, poids du passé mort, crainte du
15 futur. Il s'agit d'une représentation complète, suspendue
au-dessus du vide dans un présent qui n'a jamais existé nulle
part avec autant de force. Le passé d'Andromaque ou de
Phèdre ne nous intéresse qu'à demi; la tragédie n'est pas
que Bérénice ait été aimée par Titus. Et leur avenir se con-
20 fond avec la mort . . . . Là où tout autre artiste serait obligé
de décrire la lente progression du Temps, Racine n'a besoin
que de celui qui s'accomplit sous nos yeux. Mais ce *présent*
ne peut être rendu que par le langage. Les héros raciniens
sont extraordinairement conscients d'être choisis par la
25 fatalité. Et c'est ce besoin de lucidité, ce sont les nécessités
de cette lutte à mains nues qui fondent une esthétique.
Puisque le théâtre est parole, il supprimera tout ce qui peut
trahir la parole. Un seul geste – comme le moment où
Phèdre, en un symbole assez audacieux, se saisit de l'épée
30 d'Hippolyte – prend alors une extraordinaire valeur . . . .

Guy Dumur dans *Théâtre Populaire*,
septembre 1956

10 ont les oreilles rebattues: *have their ears stuffed with.*

[114]

Petit matin

1   Je te reconnaîtrai aux algues de la mer
au sel de tes cheveux aux herbes de tes mains
Je te reconnaîtrai au profond des paupières
je fermerai les yeux tu me prendras la main

Je te reconnaîtrai quand tu viendras pieds nus   5
sur les sentiers brûlants d'odeur et de soleil
les cheveux ruisselants sur tes épaules nues
et les seins ombragés des palmes du sommeil

Je laisserai alors s'envoler les oiseaux
les oiseaux long-courriers qui traversent les mers   10
Les étoiles aux vents courberont leurs fuseaux
les oiseaux très pressés fuiront dans le ciel clair

Je t'attendrai en haut de la plus haute tour
où pleurent nuit et jour les absents dans le vent
Quand les oiseaux fuiront je saurai que le jour   15
est là marqué des pas de celle que j'attends

Complice du soleil je sens son corps mûrir
de la patience aveugle et laiteuse des fruits
ses froides mains de ciel lentement refleurir
dans le matin léger qui jaillit de la nuit.   20

Claude Roy: *Le poète mineur* (© Gallimard,
1949)

[115]

Quand au bout d'un mois de traversée, on aperçut au milieu   1
de la nuit le phare de Fort-de-France, ce ne fut pas l'espoir
d'un repas enfin mangeable, d'un lit avec des draps, d'une
nuit paisible, qui gonfla le cœur des passagers. Tous ces gens
qui, jusqu'à l'embarquement avaient joui de ce que l'Anglais   5
appelle joliment les 'aménités' de la civilisation, plus que de
la faim, de la fatigue, de l'insomnie, de la promiscuité et du
mépris, avaient souffert de la saleté forcée, encore aggravée
par la chaleur, dans laquelle ils venaient de passer ces

quatre semaines. Il y avait à bord des femmes jeunes et jolies ; des flirts s'étaient dessinés, des rapprochements s'étaient produits. Pour elles, se montrer, avant la séparation, enfin sous un jour favorable était plus qu'un souci de coquetterie : une traite à régler, une dette à honorer, la preuve loyalement due qu'elles n'étaient pas foncièrement indignes des attentions dont, avec une touchante délicatesse, elles considéraient qu'on leur avait seulement fait crédit. Il n'y avait donc pas simplement un côté bouffon, mais aussi une dose discrète de pathétique, dans ce cri qui montait de toutes les poitrines, remplaçant les 'terre ! terre !' des récits de navigation traditionnels : 'Un bain ! enfin un bain ! demain un bain !' entendait-on de toutes parts en même temps que l'on procédait à l'inventaire fiévreux du dernier morceau de savon, de la serviette non souillée, du chemisier serré pour cette grande occasion.

Outre que ce rêve hydrothérapique impliquait une vue exagérément optimiste de l'œuvre civilisatrice qu'on peut attendre de quatre siècles de colonisation (car les salles de bains sont rares à Fort-de-France) les passagers n'allaient pas tarder à apprendre que leur bateau crasseux et bondé était encore un séjour idyllique, comparé à l'accueil que leur réservait, à peine avions-nous mouillé en rade, une soldatesque en proie à une forme collective de dérangement cérébral qui eût mérité de retenir l'attention de l'ethnologue, si celui-ci n'avait été occupé à utiliser toutes ses ressources intellectuelles dans le seul but d'échapper à ses fâcheuses conséquences.

* * * *

Nous traînions donc notre désœuvrement dans les rues de Santa-Cruz de la Sierra, transformées par la saison des pluies en torrents boueux qu'on passait à gué sur des grosses pierres placées à intervalles réguliers comme des passages cloutés vraiment infranchissables aux véhicules, quand une patrouille remarqua nos visages peu familiers; raison suffisante pour nous arrêter et, en attendant l'heure des explications, nous enfermer dans une pièce d'un luxe 45 désuet: ancien palais du gouverneur provincial aux murs couverts de boiseries encadrant des bibliothèques vitrées dont de gros volumes richement reliés garnissaient les rayons, interrompus seulement par un panneau, vitré lui aussi et encadré, présentant l'étonnante inscription calli- 50 graphiée que je traduis ici de l'espagnol 'Sous peine de sévères sanctions, il est rigoureusement interdit d'arracher des pages des archives pour s'en servir à des fins particulières ou hygiéniques. Toute personne qui contreviendra à cette interdiction sera punie'. 55

Claude Lévi-Strauss: *Tristes Tropiques*
(Plon, 1955)

2 Fort-de-France: ville principale de la Martinique. 11 des flirts: *flirtations*. 24 chemisier serré: *clean blouse*. 33 en proie à: victimes de. 34 l'ethnologue: c'est-à-dire l'auteur. 42 passage clouté: *pedestrian crossing*.

[116]

Le pays était beau, disaient-ils. Il y avait des bois, et des 1
champs. Tout était vert, car l'année avait été humide. Les anciens, qui étaient arrivés avant nous, nous indiquaient où il fallait aller, comment visiter la région. On faisait des pro- menades; on allait par le bois et on revenait par les champs; 5
on rencontrait les autres qui étaient allés par les champs et revenaient par le bois. Quand il pleuvait papa faisait la belote avec deux autres cloches, également en vacances. Les gosses jouaient à des jeux cons. Les femmes à l'autre bout de la table parlaient de leurs ventres. 10

– En tout cas on se repose. Et puis il y a de l'air, disaient-ils. Pour les enfants.

Je ne me souvenais pas d'avoir manqué d'air à la Cité. En tout cas pas au point de me faire chier tellement pour aller en chercher ailleurs.

Quel malheur qu'on ne m'ait pas donné de devoirs de vacances! Des arbres à planter en quinconce le long d'allées qui se croisent. Des fontaines remplissant des bassins. Des conjugaisons. Le verbe s'ennuyer, si difficile: où met-on le yi?

J'essayai de m'en inventer; mais ça ne marchait pas; les devoirs, ça doit être obligé, sinon c'est plus des devoirs c'est de la distraction et comme distraction les devoirs c'est barbant.

– Promène donc Nicolas tiens, qu'on ne soit pas obligé de le traîner.

Nicolas et moi, on ne trouvait même rien à se dire, je ne sais pas pourquoi, parce qu'enfin à Paris, il n'arrivait pas tellement de choses non plus si on veut bien regarder. C'était peut-être l'air: ils disaient que le Grand Air, ça fatigue.

– Pourquoi on rentre pas à la maison? dit Nicolas.

– Parce qu'on est en vacances.

– En tout cas on se repose, disait la mère. Elle avait pris l'habitude d'aider à l'épluchage des légumes du déjeuner, généralement des mange-tout, avec un bout de viande. Le dimanche on avait du poulet. Un des hommes commandait une bonne bouteille, que le patron allait chercher spécialement, et qui fournissait aussitôt un sujet de conversation, s'il était meilleur que l'autre d'avant, ou non, et de quelle année il était, et de là quelle était le meilleure année des dernières, et si cette année-ci où on était serait bonne selon le soleil qu'il avait fait et l'eau qui était tombée; à cette occasion notre père montrait une connaissance du pinard dont il ne faisait pas preuve en ville, à croire que le bon air lui donnait de l'instruction. D'ailleurs les autres bons-hommes étaient également des puits de science, ils étaient intarissables sur n'importe quoi, traitant tous les sujets avec autorité, chacun tenant à montrer aux autres qu'il n'était pas un con et qu'il en connaissait un bout, surtout sur les 50 bagnoles, où on arrivait toujours quand tout le reste avait été traité, et dont aucune n'avait des secrets pour eux, l'Aston et sa direction fragile, la Jaguar et ses putains d'amortisseurs et l'Alfa avec ses réglages perpétuels, la 220 SL ça c'était de la vraie voiture mais il fallait aller en Al- 55 lemagne chaque fois qu'elle perdait un boulon, quant aux Américaines n'en parlons pas c'est des veaux et bref en fin de compte le mieux c'était encore la bonne petite voiture française, qui réunit le plus de qualités sous le plus petit volume, et économique, cinq litres au cent la 4 CV et telle- 60 ment pratique avec son moteur derrière parce qu'on pouvait mettre les bagages devant.

Christiane Rochefort: *Les petits enfants du siècle* (Grasset, 1961)

8 belote: jeu de cartes. 13 cité: *housing estate*. 14 me faire chier (*vulgar*): m'ennuyer (chier: *to shit*). 17 en quinconce: *in quincunx, or alternate rows.* 19 le yi: e.g. nous nous ennuyions. 22 les devoirs, ça doit être obligé, sinon c'est plus des devoirs: les devoirs devraient être obligatoires, sinon ce ne sont plus des devoirs. 25 Promène donc Nicolas tiens: *take Nicholas off then.* 36 des mange-tout: haricots ou pois dont on mange la cosse. 45 à croire que: probablement. 53 ses putains d'amortisseurs (*vulgar*): *lousy shock-absorbers* (putain: *prostitute*). 57 veaux: voitures lourdes et peu nerveuses. 60 cinq litres au cent: 5 litres d'essence pour 100 kilomètres (*55 mpg*); la 4 CV: la quatre chevaux – voiture Renault dont la fabrication a cessé en 1960; CV = cheval-vapeur (*horse-power*).

1 Je n'ai pas l'intention de gaver encore longtemps mon
lecteur de cette languissante matière qu'est l'histoire de
France : la France n'a aucun intérêt. Peuple égoïste, grippe-
sous, constamment de mauvaise humeur, chouchoutant ses
5 petites boucheries aussi ternes que des égorgements
shakespeariens entre roitelets sans importance, province
mégalomane surmontée d'une politique postiche où le
nouveau truc est de voter d'abord pour avoir le droit
d'apprendre ensuite par les journaux ce que le gouverne-
10 ment avait l'intention de faire, pays qui n'a même pas la
fantaisie de sa folie ni la sagesse de sa médiocrité, mais qui
du moins abritait naguère encore plusieurs systèmes de valeurs, plusieurs morales, dont l'une, au moins, sous des formes
diverses, n'était jamais celle de l'acceptation et de la couard-
15 ise, le peuple français a perdu toute vigilance et redevient
le vilain, bernable à satiété. Et les intellectuels français, qui
n'étaient jamais jusqu'à présent du côté du pouvoir que par
accident (ou plutôt c'était le pouvoir qui se rapprochait
d'eux) sont remplacés maintenant par une nouvelle race
20 dont la vocation profonde est d'abord de se trouver en
accord avec les puissances établies, civiles, militaires,
universitaires ou religieuses, quelles que soient ces puissances et leur programme.

Jean-François Revel : *En France, la fin de
l'opposition* (Julliard, 1965)

5 petites boucheries : querelles politiques sans intérêt. 6 roitelets :
petits rois. 17 pouvoir : gouvernement.

[118]

Posée sur l'épaule d'une pente escarpée, la mechta blanche 1
au toit de tuiles neuves regarde arriver les premiers groupes
de harkis, déployés en tête de la compagnie. Mais il faudra
attendre que les éclaireurs de pointe l'aient investie pour
faire confiance à son silence. 5

Personne à l'avancée du village, il serait surprenant
qu'un commando rebelle s'y soit réfugié. Car leurs guetteurs
sont en place avant même qu'ils ne s'installent, même pour
quelques heures.

Le caporal harki – un paysan originaire du village voisin – 10
sort de la maison qu'il a explorée. J'y rentre avec lui.

Elle est relativement riche, et le cœur se serre de voir la
jarre à figues – l'énorme récipient fait d'argile et de paille
séchée où on empile les figues qu'on retire selon les besoins
par le trou rond ménagé à mi-hauteur comme une lucarne, 15
juste assez gros pour y plonger la main – à terre, brisée
comme le totem renversé de la maison morte. Les niches
ménagées dans les murs sont encadrées de frises dentelées,
comme l'étagère qui court le long du mur est bordée d'un
galon de bois découpé peint en bleu. La moitié de la grande 20
pièce comporte une espèce de plancher à mi-hauteur. On y
accède par un léger escalier de maçonnerie. En haut, comme
sur les poêles russes, on étend les nattes pour dormir. Par
dessous, on y accède par une ouverture également décorée.
On y loge les chèvres ou l'âne qu'on nourrit à travers les 25
lucarnes débouchant dans la salle commune. Les angles de
cette maçonnerie sont tous arrondis par l'usage. La maison,
on le sent, s'était habituée au frottement de ses habitants,
moulée au passage des pieds nus, aux heurts des bêtes,
adaptée à cette espèce de dynamisme de la vie, fondue dans 30

le rythme bourdonnant de la famille nombreuse et active ....

Un jour, l'ordre est venu, brutal et sans appel. Le village, trop près des rebelles, doit être évacué. Dans la journée.

35 Dès le couvre-feu, on risque d'être pris sous le bombardement qui, dès lors, traquera le locataire clandestin du gîte maudit.

Les uns ont rejoint des parents lointains, d'autres ont transporté leur maigre mobilier et leurs hardes. On déménage ici avec une brouette – dans le village voisin, assez près du poste militaire pour offrir une sécurité suffisante.

Et le village mort, réduit à son squelette de maisons vides, ne sera plus visité que par les chacals en quête de provisions oubliées. Par les rebelles aussi, chassés de la montagne par une trop longue période de pluie ou les premières neiges, ou par la faim.

Alors parfois la tour de guet du fond de la vallée signale quelque lumière dans le village désert. L'information court le long des câbles précaires suspendus aux oliviers, et l'artilleur, dans le P.C. lointain, n'a plus qu'a passer à sa batterie un simple numéro: 'Tir cent-quarante-deux. Dix coups à retard.' A retard, car l'obus a le temps de percer le toit avant d'exploser.

Un coup sourd vient de la vallée signaler le 'départ'. On compte quinze, vingt secondes. Bien peu de chances que soit atteinte la seule maison où s'abritait le groupe, mais il suffit qu'il évacue la place, et il le fait en général, après s'être terré pour laisser s'achever la rafale.

Ceux des habitants qui ont émigré au village voisin écoutent dans la nuit le cri d'agonie de la maison blessée. Ils auraient pu y être encore, cela arrive à des villages habités.

Ici au moins ils sont tous sous la protection de ceux-là même qui manient les flammes de l'enfer.

65 – Allah! ta volonté est grande et mystérieuse! Ne pleure

pas, Aïcha, viens dormir près de moi. On ne risque rien ici,
tu sais bien.

Journal de marche d'un capitaine en Kabylie,
dans *La Nouvelle Critique,* juin 1959

1 mechta: groupement d'habitations isolées en Algérie. 3 harki:
volontaire algérien servant dans l'armée française. 4 éclaireurs de
pointe: *advance party*; investie: entourée. 6 à l'avancée du village:
on the outskirts of the village. 7 commando: petit détachement de
soldats. 15 ménagé: disposé. 20 un galon de bois découpé: *a strip of
fretwork.* 32 sans appel: irrévocable. 50 P.C.: poste de commande.
52 à retard: *delayed action.* 57 après s'être terré: *having taken cover.*
Kabylie: pays d'Algérie.

[119]

Hors des jours étrangers

mon peuple   1

quand
hors des jours étrangers
germeras-tu une tête bien tienne sur tes épaules renouées
et ta parole   5

le congé dépêché aux traîtres
aux maîtres
le pain restitué la terre lavée
la terre donnée

quand   10
quand donc cesseras-tu d'être le jouet sombre
au carnaval des autres
ou dans les champs d'autrui
l'épouvantail désuet

15   demain
     à quand demain mon peuple
     la déroute mercenaire
     finie la fête

     mais la rougeur de l'est au cœur de balisier

20   peuple de mauvais sommeil rompu
     peuple d'abîmes remontés
     peuple de cauchemars domptés
     peuple nocturne amant des fureurs du tonnerre
     demain plus haut plus doux plus large

25   et la houle torrentielle des terres
     à la charrue salubre de l'orage

               Aimé Césaire: *Ferrements* (Editions du Seuil, 1959)

4 renouées: renouvelées. 19 balisier: plante exotique, originaire des Indes.

[120]

1 Le voyageur qui, de Paris au Mans, vient de faire par le train du 120 à l'heure, ligne électrifiée, se penche parfois à la vitre au sortir de la ville. On le voit s'étonner, puis reculer: d'abord, il a l'impression que le train n'avance plus,
5 ensuite il a reçu une escarbille dans l'œil. Que se passe-t-il? Simplement ceci: on va tout à l'heure entrer en Bretagne. Alors, pour ménager les transitions, on lui réapprend à marcher au pas et à revenir au siècle de la vapeur.

   Qu'est-ce que la Bretagne? C'est une colonie sous-
10 développée de la France, située à l'ouest de la métropole et reliée à elle par des camions de légumes. Là vit une population étrange, mi-terrienne, mi-côtière, dont le rôle essentiel consiste à fournir à la mère-patrie des artichauts, des marins

et de la chair à canons. Le Breton, c'est connu, est naturelle- ment pauvre et désintéressé: dur à la tâche, son travail lui suffit et il abandonne aux intermédiaires les trois quarts de ses revenus (ayant été à la peine, il comprend sagement qu'il ne peut être également au profit). Il est proverbialement têtu, fidèle et porté sur la boisson, la dévotion et le fatalisme: Chateaubriand, Renan, Louison Bobet. De temps en temps, la misère pousse le Breton à s'expatrier, mais il est juste de noter qu'en retour la métropole rend fréquemment visite à sa colonie, malgré l'éloignement et les avertissements répétés de la Météo ('une dépression orageuse en provenance de la Bretagne', etc.). Si vous allez en Bretagne, voici quel- ques conseils: 1) calculez bien vos horaires (grâce à un jeu subtil de complications ferroviaires, il est parfois plus long d'aller d'une sous-préfecture bretonne à une autre que de Paris à Nice ou à Amsterdam); 2) munissez-vous d'un appareil photo (le Breton est pittoresque); 3) évitez les lieux-communs de la métropole sur ce terroir (genre: 'Les pommes de terre pour les cochons, les épluchures pour les Bretons', etc.); enfin, 4) ramenez de votre voyage, au choix, une coiffe de Pont-Aven ou une domestique originaire de la contrée. Avec un peu de chance, cette domestique, dite 'petite bonne bretonne', article garanti – on en trouve encore – sera taillable et corvéable un an ou deux.

Certains économistes s'étonnent de ce qu'ils appellent 'le marasme breton'. Il leur paraît incompréhensible que ce pays soit tenu à l'écart du progrès, de l'industrialisation, qu'il contienne des richesses naturelles inexploitées et que les vœux de ses Chambres de Commerce soient régulière- ment lettres mortes. C'est méconnaître le vrai problème, lequel est évidemment d'ordre politique. Le Breton, en effet, a un grand défaut: il ignore les avenues du pouvoir. Con- sultez, par exemple, l'histoire des Républiques. Vous n'y trouverez pas un seul président breton, ce qui est bien naturel: qui eût envoyé à l'Elysée un Congolais ou un Mal-

gache ? Mais voici mieux : aux beaux temps de la Troisième,
50 il fallait en moyenne trois fois plus d'électeurs bretons que
d'électeurs méridionaux pour faire un député (mais en
revanche – et ceci compense cela – il y eut en 14–18 deux
fois plus de morts bretons que de n'importe quelle autre
province). Autre ignorance fatale : l'art de s'imposer. Soit en
55 une seule fois, mais décisivement, comme la Corse – qui
nous envoya Napoléon, et après cela on jugea plus prudent
de lui faire une rente – soit en menue monnaie de pressions
ou de chantages (point de Bretons dans le lobby betteravier
qui dirigea officieusement la Quatrième République). Le
60 résultat ? Eh bien ! ce retard, ce sous-développement. Et –
ici fini de rire – cette abjecte considération sentimentale
pour la 'chère Bretagne', la 'pauvre Bretagne', comme on dit
de quelqu'un : 'pauvre mais honnête', c'est-à-dire une poire.
Car la Bretagne, s'il fallait l'incarner, ce serait dans cette
65 Bécassine qui fit s'esclaffer des générations : une servante
loyale, travailleuse et comique. La 'petite bonne', oui,
toujours à la tâche, contente d'un rien, respectant ses patrons
et dont la naïveté fait la joie des invités de Madame. 'On
n'en fait plus de comme ça !' je vous dis . . . . Jusqu'au jour
70 où Bécassine prend sa fourche et se rappelle soudain le
vieux cri : 'Torrebenn !'

Morvan Lebesque dans *Le Canard Enchaîné*,
21 juin 1961

7 ménager les transitions : *break him in gently*. 8 marcher au pas :
slow down to a crawl. 14 chair à canons : *cannon-fodder*. 20 Chateaubriand, écrivain et homme politique, né à Saint-Malo (1768–1848) ;
Renan, historien positiviste, né à Tréguier (Côtes-du-Nord)
(1823–92) ; Louison Bobet, célèbre coureur cycliste. 22 métropole :
la France, par opposition aux pays d'outre-mer. 28 sous-préfecture :
ville où réside un sous-préfet. 37 taillable et corvéable : *entirely at
one's beck and call*. 49 la Troisième : la Troisième République
(1875–1940). 65 Bécassine : jeune fille étourdie et niaise, rendue
célèbre dans les bandes dessinées de Pinchon avant la Guerre de
14. 71 Torrebenn : cri de guerre des Bretons.

[121]

Enfin, riche de cinq jetons, me voilà dans la cabine. Je   1
m'assieds sur ma combinaison, après avoir relevé ma robe.
Je compose mon premier numéro: SUFfren 16–30. Pas
comme les nonchalantes qui lancent le chiffre avec l'index et
ne l'accompagnent pas jusqu'au bout. Ni comme les   5
snobinettes qui utilisent le médius, voire le petit doigt. Je
préfère le pouce, qui a de la puissance et mène les choses à
fond, lentement. Un peu lentement même, car depuis quelque temps, chose étonnante, mes pouces deviennent raides
et c'est peut-être la raison pour laquelle je m'en sers: par   10
représailles. Au fait, que vais-je dire? Je n'ai rien préparé:
on bafouille toujours quand on veut à tout prix caser une
tirade, au lieu d'exploiter les chances du dialogue.

Le numéro n'est pas libre. Un coup de poing dans le
flanc de l'appareil qui hésite à restituer le jeton et j'appelle   15
MARcadet 85–05, qui décroche aussitôt.

– Allo?

> Hervé Bazin: *Lève-toi et marche* (Grasset,
> 1952)

6 snobinette: jeune femme prétentieuse. 12 caser une tirade: *get in
a set piece.*

[122]

Plus important sans doute est le débat qui s'est ouvert sur la   1
place du village, entre l'instituteur et le curé, dans les
années 1880: ouvert, ou plutôt élargi; dès 1848, la bourge-
oisie conservatrice ne reprochait-elle pas aux instituteurs
d'être d'horribles socialistes, par la voix de M. Thiers? en   5

un temps où l'école primaire publique et les écoles normales étaient placées sous le contrôle du clergé . . . . Or ce contrôle est supprimé par Jules Ferry; l'enseignement religieux n'est plus donné en classe, et l'instituteur enseigne la morale 'naturelle', et le civisme, sans plus. Pour le clergé des années 1880–90, l'école laïque est l'école sans Dieu; et le restera longtemps. Si le conflit était déjà ouvert, les conditions dans lesquelles les lois instituant l'école primaire publique ont été votées rendaient le durcissement à peu près inévitable. Les paroles rassurantes de Ferry au cours des débats, le soin apporté à ménager au clergé le temps nécessaire à une éducation religieuse correcte n'ont pas pesé lourd, face à la conviction ancrée dans les milieux ecclésiastiques d'assister à une entreprise diabolique de déchristianisation. Inutile de rechercher ailleurs les origines d'un conflit qui a été pendant un bon quart de siècle la lutte de deux autorités intellectuelles au sein de la communauté villageoise. Les jeunes instituteurs, formés dans les écoles normales à donner un enseignement général, plus humaniste qu'adapté aux milieux locaux, préparés aussi à subir les assauts oratoires du clergé soutenu souvent par les grands propriétaires, ont généralement pris à cœur leur immense tâche de formation culturelle et d'information civique: issus des classes populaires, fils et filles de métayers, de petits fermiers, de facteurs, de cheminots, pénétrés du sentiment d'une mission, ils ont accepté un combat qui ne pouvait être uniquement d'idées, de principes . . . . Si tant est que les combattants eux-mêmes avaient conscience de la transformation qu'apportait, sur le plan spirituel, l'idée laïque, l'idéal d'une égale tolérance de toutes les croyances et de toutes les divergences d'opinion. Très vite, le débat a glissé; les généralisations abusives ont fait de l'instituteur un matérialiste sans foi, dont la présence à l'église paraissait un sacrilège, du curé, un défenseur de toutes les superstitions obscurantistes, un ennemi de la science et du monde

nouveau. Mais en deçà de ce vocabulaire et des injures trop
généreusement échangées, voyons la controverse instituée,
parfois jusque dans chaque foyer : choc de mots et rencontres
d'idées, suscitant curiosité et intérêt, lectures et discussions,
peu à peu, et par-dessus le marché, ce classement des 45
Français en deux groupes, stables dans leurs oppositions,
droite et gauche, droite synonyme de conservatisme social,
appuyée sur le clergé, les valeurs politiques et morales
traditionnelles, le regret longtemps nourri de la monarchie,
gauche, expression d'une volonté de progrès social et 50
politique, foi démocratique libérée des contraintes religieuses
ou sociales, foi dans un avenir terrestre.

Robert Mandrou : *Histoire de la civilisation
française*, tome II (Armand Colin, 1958)

5 Thiers : homme d'état républicain et conservateur (1797–1877).
6 écoles normales : *teacher-training colleges*. 8 Jules Ferry : homme
d'état, réformateur de l'enseignement primaire (1832–93). 32 si
tant est que : s'il est vrai que. 33 avaient conscience : *were aware*.
34 sur le plan : du point de vue. 45 par dessus le marché : *into the
bargain*.

[123]

A cinq heures du matin, tandis qu'une centaine de pauvres 1
hères, maigres et fatigués, font la gymnastique sur le trottoir
en face de mon hôtel, à Hanoi, je m'habille rapidement pour
aller voir Ho Chi-Minh. C'est que l'oncle Ho, comme
l'appelle familièrement son peuple, garde à près de soixante- 5
quinze ans, des habitudes spartiates. Levé avant le soleil,

vêtu d'une tunique en toile, chaussé de sandales en caoutchouc taillées dans du vieux pneu . . . . Ses audiences, il les donne à l'heure où dans le monde capitaliste, tout dort.
10 Cela l'amuse un brin de forcer ses visiteurs occidentaux à abréger leur sommeil pour se mettre à l'heure de la révolution vietnamienne. Je me souviens, tout en manipulant la robinetterie lépreuse de l'hôtel Métropole (palace de Hanoi), d'un matin assez récent où à Sotchi, sur la mer Noire, j'eus
15 l'occasion d'assister, dans la salle gigantesque d'un luxueux caravansérail soviétique, à la rencontre d'une délégation chinoise en strict bleu de travail serré au cou, avec les agapes de vacanciers moscovites faisant couler les vins au son d'un orchestre déchaîné. Quel mépris dans les yeux des camarades
20 asiatiques! Eh bien, Ho Chi-Minh, lui, ne s'est pas embourgeoisé. J'ai eu l'occasion de l'apercevoir la veille au soir, au cours d'une réception diplomatique (elles sont rarissimes à Hanoi) donnée dans les jardins de l'ancien Lycée Albert-Sarraut, qui abrite maintenant les services de la présidence.
25 Quelques centaines de délégués de l'Est et de l'Ouest – les Occidentaux figés, les communistes en famille – mangeant debout des sandwiches autour de longues tables avant d'assister à un divertissement champêtre sentant son patronage. Dans la chaleur humide, traversée des senteurs
30 capiteuses du jasmin et des magnolias, les ministres avaient tombé la veste. A la fin du spectacle, Ho Chi-Minh sauta sur l'estrade avec simplicité, et s'assit par terre au milieu, des filles costumées l'entourant, l'applaudissant, l'embrassant, chantant avec lui aux cris de 'Vive l'oncle Ho'. Tout cela
35 rustique et bon enfant, tout à fait dans le ton du provincialisme tonkinois. Et pourtant, me dis-je, en avalant un thé infect servi dans une salle à manger aussi laide que sinistre, ce brave Ho, cet oncle gâteau, qui parle aussi couramment le russe que le chinois, l'anglais que le français, ce lettré paysan
40 qui a voyagé et vécu dans presque tous les pays d'Orient et d'Occident, qui a même été jusqu'en Amérique, n'est-il pas

depuis près d'un demi-siècle le promoteur de l'extraordinaire bouleversement du Sud-Est asiatique?

Danièle Hunebelle dans *Le Progrès*, Lyon, 26 mars 1964

12 manipulant la robinetterie lépreuse: *trying to cope with the defective plumbing*. 13 palace: hôtel de grand luxe. 17 bleu de travail: vêtement de travail en toile bleue; agape: repas entre amis. 20 ne s'est pas embourgeoisé: n'a pas pris des habitudes bourgeoises. 22 rarissime: très rare. 28 sentant son patronage: *with all the flavour of a church outing* ('son' n'est pas strictement possessif mais ajoute une pointe d'ironie). 31 avaient tombé la veste (*familiar*): avaient enlevé la veste. 35 bon enfant: gentil. 36 tonkinois: du Tonkin, ancien nom du Vietminh. 38 oncle gâteau: cf. *sugar daddy*.

[124]

– Alors, les petits? Qu'avons-nous fait de nos amis? 1
La voix sonore de Claire Santré les fit sursauter. Elle s'appuyait d'une main à l'épaule de Lucile et elle fixait Antoine d'un regard appréciateur comme si elle eût essayé de se mettre à la place de Lucile et y fût fort bien arrivée. 5
'Voici venir le numéro de la complicité féminine', pensa Lucile et, à sa grande surprise, elle n'en fut pas agacée. C'était vrai, Antoine était beau ainsi, l'air gêné et résolu tout à la fois. Il devait être trop distrait pour mentir longtemps, c'était un homme fait pour lire, pour marcher à grands pas, 10
pour faire l'amour, pour se taire, ce n'était pas un homme fait pour le monde. Encore moins qu'elle-même, que son indifférence, son insouciance revêtait d'un scaphandre à toute épreuve dans les profondeurs abyssales des relations mondaines. 15
– Il y a un Boldini quelque part chez le nommé William, dit Antoine d'un ton rogue. Diane et Charles le contemplent.

Il pensa que c'était le première fois qu'il nommait Blassans-Lignières par son prénom. Tromper quelqu'un vous obligeait, sans qu'on comprenne bien pourquoi, à une certaine familiarité. Claire poussa un cri:

– Un Boldini? Mais c'est tout récent? Où William l'a-t-il trouvé? Je n'étais pas au courant, ajouta-t-elle du ton vexé qu'elle prenait dès qu'une faille se découvrait dans son immense réseau de renseignements. Ce pauvre William a encore dû se faire voler, il n'y a qu'un Américain pour acheter un Boldini sans consulter Santos.

Un peu rassérénée par la bêtise et l'imprudence de ce pauvre William, elle reporta son attention sur Lucile. Il était peut-être temps, enfin, de faire payer à cette petite son insolence, ses silences et son refus de jouer le jeu. Lucile souriait, les yeux levés vers Antoine, et c'était un sourire tranquille, amusé, un sourire rassuré. C'était bien là le terme, 'rassuré'. Un sourire que ne peut avoir une femme qui ne connaît pas intimement un homme. 'Mais quand, mais quand ont-ils pu?' L'esprit de Claire se mit à fonctionner à une vitesse folle. 'Voyons, le dîner à Marnes était il y a trois jours, ce n'était pas fait. Ce devait être un après-midi, plus personne fait l'amour le soir à Paris, tout le monde est généralement trop fatigué et puis, eux, ils ont les autres, en plus. Aujourd'hui?' Elle les regardait, les yeux brillants, le nez tendu, elle essayait de déceler les traces du plaisir sur eux avec cette folie passionnée que donne la curiosité à certaines femmes. Lucile le comprit et, malgré elle, éclata de rire. Claire recula son visage et son expression de chien d'arrêt fit place à une expression plus douce, plus résignée du style 'je comprends tout, j'admets tout' qui passa malheureusement inaperçue.

Car Antoine regardait Lucile et riait avec elle de confiance, ravi de la voir rire, ravi de savoir qu'elle lui expliquerait pourquoi le lendemain, dans son lit, à l'heure heureuse et fatiguée qui suit l'amour. Il ne lui demanda donc pas:

'Pourquoi riez-vous?' Beaucoup de liaisons se dénoncent ainsi, par des silences, par une absence de questions, par une phrase qu'on ne relève pas, par un mot de passe que l'on a choisi anodin, exprès, et qui l'est tellement qu'il en devient extravagant. De toute manière, le premier observateur qui eût vu rire Lucile et Antoine, qui eût vu leur expression de bonheur, ne s'y serait pas trompé. Ils le sentaient confusément et ils profitaient avec une sorte d'orgueil de cette trêve qui leur était offerte par le Boldini, ces quelques instants où ils pouvaient se regarder et se plaire sans alarmer deux personnes. Et la présence de Claire, des autres, bien qu'ils l'eussent nié, redoublait leur plaisir. Ils se sentaient la jeunesse, presque l'enfance des gens à qui l'on interdit quelque chose, qui l'ont fait quand même et que l'on n'a pas encore punis.

Diane revenait, fendant la foule, avec quelques virements de bord rapides vers un ami empressé qui lui prenait la main, la baisait et à qui elle l'arrachait aussitôt, négligeant de répondre à sa question pourtant bienveillante sur sa santé ou à une affirmation enthousiaste de sa beauté. Dans un bruit confus de: 'Comment vas-tu, Diane? Comme vous êtes en forme, Diane. Mais d'où vient cette robe divine, Diane', elle essayait de rejoindre le coin obscur, maléfique où elle avait laissé son amant, son amour, avec cette fille qui l'intéressait. Elle haïssait Charles de l'avoir entraînée loin du salon, elle haïssait Boldini, elle haïssait William pour l'insipide et interminable récit qu'il avait fait de son acquisition. Il l'avait acheté pour rien, bien entendu, c'était une occasion unique, le pauvre marchand n'y avait vu que du feu. C'était agaçant cette manie qu'avaient les gens richissimes de ne faire jamais, jamais que des affaires. D'avoir des réductions chez les couturiers, des prix chez Cartier et d'en être fier. Elle avait échappé à cela, Dieu merci, elle n'était pas de ces femmes qui cajolent leurs fournisseurs quand elles ont les moyens de faire tout autrement. Elle

devrait dire cela à Antoine, cela le ferait rire. Le monde
l'amusait, il évoquait toujours Proust à ce sujet et d'ailleurs
90 à bien d'autres, ce qui agaçait légèrement Diane qui avait
peu le temps de lire. La petite Lucile avait sûrement lu
Proust, cela se voyait à sa tête, il fallait bien dire qu'avec
Charles, elle devait avoir le temps. Diane s'arrêta. 'Mon
Dieu, pensa-t-elle brusquement, je deviens vulgaire. Est-ce
95 qu'on ne peut vraiment pas vieillir sans devenir vulgaire à
ce sujet ?' Elle souffrait, elle souriait à Coco de Bailleul, elle
échangeait un clin d'œil avec Maxime qui lui en adressait un
sans qu'elle sût pourquoi, elle butait sur dix obstacles
souriants, aimables; elle accomplissait un steeple-chase
100 affreux pour rejoindre Antoine qui riait là-bas, qui riait de sa
voix basse, il fallait qu'elle arrête ce rire. Elle fit un pas de
plus et ferma les yeux de soulagement: il riait avec Claire
Santré. Lucile leur tournait le dos.

Françoise Sagan: *La Chamade* (Julliard, 1965)

13 à toute épreuve: capable de résister à tout. 16 un Boldini: il
s'agit d'un tableau. 39 plus personne ne fait l'amour: personne ne
fait plus l'amour. 42 déceler: *detect*. 55 une phrase qu'on ne relève
pas: *a sentence that awakes no response*. 66 quand même: *even so*.
68 avec quelques virements de bord rapides: *with several swift
changes of course*. 81 n'y avait vu que du feu: n'y avait rien compris. 83 richissimes: très riches; de ne faire jamais, jamais que
des affaires: *to be always on to a good thing*. 85 Cartier: célèbre
joaillier parisien. 92 cela se voyait à sa tête: *she was obviously the
type*.

[125]

1 Peut-être notre société d'incitation à l'achat, de provocation
à l'assouvissement, de concurrence, d'usure accélérée des
produits et des plaisirs paraît-elle dure, inhumaine. Mais

elle est, elle existe, ainsi et pas autrement, et elle est forte, en plein mouvement. Et c'est passionnant. Si vous posez mal le problème – vieux presbytères contre grands ensembles, greniers 'bouleversants' contre Sarcelles – vous ferez finalement le jeu de l'immobilisme. Je ne sache pas que le bain quotidien pourrisse la peau ni que la chaîne haute fidélité étouffe les appétits culturels. Je flaire là-dessous un vague relent d'anti-américanisme (l'Amérique mythologique telle que l'imaginent les Européens sédentaires), de la pusillanimité, tout un côté Pinay, provincial, rapetissant, et je ne veux pas croire que la sensibilité progressiste y succombe.

Au fond, le Français reste profondément, viscéralement, un habitant d'hier. Il bricole ses villes au lieu de les réinventer, de les rebâtir; il caresse sa nostalgie de vieux murs pittoresques et de braves objets inusables. L'opulence, la dynamique production-consommation ne lui paraissent pas encore naturelles, ni saines, ni tout à fait *morales*. Nous valorisons absurdement, en les dénonçant, en les soupçonnant d'influences pernicieuses, de simples commodités matérielles dont le bénéfice et l'usage devraient aller sans dire, sans émerveillement ni terreur . . . .

. . . Osons vivre, dès aujourd'hui dans aujourd'hui. Les choses ? Elles sont à notre service. En dénoncer la fascination n'est pas un réflexe de culture, mais d'angoisse: nous redoutons que notre culture soit fragile; nous avons peur de demain; peur de nous être trompés.

François Nourissier dans *Le Nouvel
Observateur*, 6 octobre 1965

6 grands ensembles: ensembles d'habitations, aménagés avec centre commercial, écoles, etc.; bouleversants: *fabulous*. 7 Sarcelles: grand ensemble dans la banlieue nord de Paris. 8 je ne sache pas que: *I am not aware that*. 9 chaîne haute fidélité: *Hi-Fi system*. 13 Antoine Pinay: homme politique, président du conseil 1952–3, symbole d'un certain conservatisme économique fondé sur la

[126]

1 Comme je prends la route demain, j'ai donc cru bien faire en conduisant ma voiture chez le garagiste. Simple rite, inséparable de l'exode estival, pensais-je, visite de routine comparable à ces examens médicaux qu'on passe une fois
5 l'an dans les grandes entreprises.

Voire! Il y a des lieux où l'on ne pénètre jamais impunément. Les garages et les cliniques sont de ceux-là. C'est chaque fois la même chose. Je viens pour faire gonfler un pneu, je m'en retourne avec une dynamo neuve. Impossible
10 de protester. D'abord, je n'y connais rien. Ensuite, c'est pour mon bien. Enfin, il faut que tout le monde vive. Et puis le chef d'atelier m'en impose. Il porte la blouse blanche avec l'autorité d'un chirurgien. Aucun cambouis ne souille ses mains soignées. Il est courtois, disert, m'explique volontiers
15 l'ordre d'allumage avec le ton de vulgarisation condescendante réservée aux enfants.

Dès que nous arrivons, ma voiture et moi, il extirpe du tiroir de son bureau une fiche d'hospitalisation. Un peu ému, nous déclinons nos coordonnées : nom . . . , prénom . . . ,
20 marque . . . , cylindrée . . . . A ce moment, se place en général le premier coup de poignard :

– S'il y avait quelque chose de grave, peut-on vous joindre au téléphone ?

J'ai beau assurer que ma voiture est excellente, jurer que
25 j'en suis fort content et que je ne la troquerais point contre toutes les Rolls-Royce du monde, mon spécialiste hoche douloureusement la tête en regardant le compteur :

– Elle a déjà trente mille kilomètres.

Je pense river son écrou à homme de l'art.

– Oui, dis-je, mais je n'ai jamais eu une pièce à changer. 30

– C'est bien ce qui m'inquiète, fait l'autre. Les ennuis vont commencer.

Alors, sûr de son pouvoir et de ses effets, mon bourreau entreprend une espèce de danse rituelle autour de ma voiture. Plus il avance dans son auscultation, et plus son front se 35 rembrunit. Son regard, en se tournant enfin vers moi, se charge de toutes les angoisses du monde. Il murmure:

– Mon pauvre monsieur, c'est très embêtant!...

Et comme il a de la délicatesse, il se penche vers moi comme ces maîtres du scalpel qui, avant l'opération d'un 40 être cher, vous demandent d'abord si l'on peut tout vous dire. Ma main se crispe un peu sur mon chéquier. Je fais signe qu'on peut y aller, que je serai courageux. Il passe alors franchement à l'attaque:

– Il faut tout démonter. Après, on verra plus clair.   45

Ces soirs-là, il vaut mieux chercher un taxi pour rentrer chez soi. La précieuse automobile ne sera pas prête avant demain ou après-demain, ou samedi prochain, ou l'autre mardi. Il manque un boulon, un essai sur route, deux litres d'huile de rinçage, une charge de batterie ou un raccord de 50 peinture. Tout ce qu'on peut promettre, c'est que la facture sera prête la veille.

Qu'importe! Je ne partirai peut-être pas en vacances, mais je garderai ma voiture. Elle est bonne et sa seule faute est d'être tombée sur un garagiste-tant-pis.   55

En quinze ans de carrière automobile, je n'ai d'ailleurs jamais rencontré ce garagiste-tant-mieux qui m'accueillerait au pied de son pont élévateur, sourire et dithyrambe aux lèvres:

– Comme vous avez une jolie voiture, Monsieur, et dans 60 quel état splendide me la conduisez-vous. C'est un vrai plaisir d'entendre ronronner un moteur comme celui-là. Je

suis vraiment désolé mais, à part un coup de chiffon sur le
pare-brise, je ne vois vraiment pas quel service je pourrais
65 vous rendre . . . .

J'attends quand même, j'espère toujours tant il est vrai
que, dans le monstrueux accouplement conducteur-voiture,
les cataphotes du véhicule sont, seuls, doués d'un pouvoir de
réflexion.

Philippe Bouvard dans *Le Figaro*, 11 juillet 1964

5 entreprises: *companies, firms*. 12 m'en impose: m'oblige à
m'incliner devant son autorité. 18 fiche d'hospitalisation: *admission
card*. 19 nous déclinons nos coordonnées: *we reel off our particulars*.
29 river son écrou (à quelqu'un): réduire au silence. 52 la veille: la
veille du départ. 55 garagiste-tant-pis: garagiste pessimiste. 58 pont
élévateur: *lifting ramp*; dithyrambe: louanges enthousiastes.

[127]

Le Thor

1 Dans le sentier aux herbes engourdies où nous nous
étonnions, enfants, que la nuit se risquât à passer, les guêpes
n'allaient plus aux ronces et les oiseaux aux branches. L'air
ouvrait aux hôtes de la matinée sa turbulente immensité. Ce
5 n'étaient que filaments d'ailes, tentation de crier, voltige
entre lumière et transparence. Le Thor s'exaltait sur la lyre
de ses pierres. Le mont Ventoux, miroir des aigles, était en
vue.

Dans le sentier aux herbes engourdies, la chimère d'un
10 âge perdu souriait à nos jeunes larmes.

René Char: *Poèmes et prose choisis*
(© Gallimard, 1957)

Le Thor: torrent de Provence. 8 Le mont Ventoux: montagne des
Alpes de Provence.

L'important à Carnac, ce sont les avenues: sinueuses, 1
bordées de barrières blanches et de buissons, elles se nom-
ment 'des Menhirs', 'de la Plage', 'des Alignements'. Des
villas qui les bordent on n'a pas envie, heureusement d'écrire
qu'elles sont 'cossues', ce sont d'honnêtes maisons chaulées, 5
avec des pierres apparentes (cette coquetterie des architec-
tes), des toits d'ardoise, et, dans la disposition générale la
trace d'une certaine ruse du mur envers les pins: on a évité
que l'érection de celui-ci entraînât l'abattage de ceux-là.
(Cette seule politesse suffirait à me faire aimer le pays.) Des 10
pelouses, encore du sable, des ping-pong, des chiens en
nombre raisonnable, des voitures grises ou noires (pudiques
Peugeots ou Dauphines) confiées à la main vive des jeunes
mères, d'innombrables enfants blondis, des jeunes filles . . . .

Ces jeunes filles sont l'illustration principale des avenues: 15
longues enfants qui ont des amitiés de tennis, joueuses de
quinze ans, le bout du rein posé sur le porte-bagages des
bicyclettes, coquettes à nattes sur des Vespas, orgueilleuses
des classes de première d'un collège Sévigné de Lyon ou
d'Angers, rêveuses aux yeux sans fond, aux juponnantes 20
robes de vichy mauve ou bleu, moqueuses, voix acides,
nageuses aux formes noyées de hâle et d'une chair plus
doucement abondante, joueuses, rêveuses, moqueuses,
nageuses, ployantes jeunes filles aux mèches plus claires que
le front, petites humaines difficiles et passionnées qui 25
fredonnez, les yeux pales posés loin, occupées sans doute de
votre cœur, je confesse que votre présence me trouble.

J'explore de long en large. Les lieux les plus émouvants
sont les parages du Club de tennis. Trois générations s'y
superposent: sexagénaires actifs (dans la religion du 'Basque 30
bondissant'); trentenaires au cheveu dru, leurs épouses

comestibles et rieuses, service canon; enfin le jeune peuple des bicyclettes et des motocyclettes. Toutes nos petites païennes se retrouvent ici, où des garçons leur font sentir le
35 doux dédain de l'homme. Une jeune fille appelle, une autre s'indigne, une troisième lève la main pour dire adieu, tout cela dans la lumière abricot et les ombres longues du soir. On entend des portières claquer, le choc sourd des raquettes et des balles, une rafale agite le faîte des pins – un roman
40 anglais . . . .

François Nourissier dans *La Revue de Paris*,
septembre 1959

1 Carnac: petite plage de la Bretagne célèbre pour ses alignements mégalithiques. 3 menhir: *standing stone*. 6 des pierres apparentes: effet voulu de rusticité laissant apercevoir les pierres de construction. 11 des ping-pong: des tables de ping-pong. 19 classe de première: *Lower Sixth*; un collège Sévigné: pensionnat privé de jeunes filles. 20 aux juponnantes robes: aux robes bouffantes. 21 vichy: *gingham*. 30 le Basque bondissant: Jean Borotra, célèbre joueur de tennis d'origine basque – les Basques d'ailleurs sont renommés pour leur agilité et leur souplesse. 32 service canon: service puissant.

GLOSSARY

abyssal – unfathomable

agglutiner – to stick, glue together

afflux *m* – influx

agrès, *m pl* – rigging, tackle (of ship)

aille *from* aller

ait, aient, ayez *from* avoir

anglophone – English-speaking

antillais – West Indian

apeuré – frightened

arriéré – backward

bancaire – banking *(adj)*

barbant *(coll)* – boring

barguigner – to hesitate, waver

basket *m* – basket-ball

bedaine *f (coll)* – paunch

berceur, -euse – lulling, soothing

bernable – gullible

berner – to fool, hoax

béton *m* – concrete

bicoque *f (coll)* – shack, dump

bogue *f* – chestnut-husk

bohème – Bohemian

bolée *f* – bowlful

bonhomme *m* – fellow, chap

bosseler *(coll)* – to batter

bouffon, -onne – farcical

bourgade *f* – village

bourru – surly

bretteur *m* – swashbuckler

bruire – to rustle, rumble, hum

cataphote *m* – reflector (motor vehicles etc.)

cavale *f (lit)* – mare

ceint – girded, encircled

ceinturon *m* – (military) belt

chaulé – whitewashed

chéquier *m* – cheque-book

chouchouter – to fondle; to coddle

chrysalide *f* – chrysalis

civilisateur, -trice – civilizing

civisme *m* – public-spiritedness

climatiseur *m* – air-conditioning (apparatus)

cochonnerie *f (coll)* – filth, rubbish

cocu – cuckold

con *(vulg)* – idiot; *adj* idiotic

conjuguer – to combine, join

contrevenir – contravene

contrepoids *m* – counter-balance

convint *from* convenir

Corse *f* – Corsica

cossu – luxurious; wealthy

costaud *(coll)* – hefty, strong

Côte d'Azur *f* – the French Riviera

côtier, -ière – coastal

coupe *f* – (champagne) glass

coupée *f* – gangway (of ship)

coursier *m (lit)* – charger (horse)

cylindrée *f* – cylinder capacity

daurade, *f* – dorado

démâter – to dismast; to be dismasted

désamorcé – unprimed (of guns)

183

désœuvrement *m* – idleness
destrier *m* – steed
dévaler – to go down
dévastateur, -trice – devastating
discutable – debatable
divinisation *f* – deification

édenté – toothless
embellir – embellish
embrumé – misty
embué – misted, steamed up
émoustiller – to stimulate, exhilarate
emphysème *m* – emphysema
enfouir – to bury, conceal in the ground
s'engouffrer – to rush into (building etc.)
enlisé – bogged down
enrouler – to put round, wind, roll
entrailles *f pl* – entrails, intestines
entrecroiser – to cross, intersect
envoûteur, -euse – worker of spells
éphémère – short-lived, passing
épeuré – frightened
ère *f* – era
escarbille *f* – spark, cinder
s'étrécir – to narrow
eus, eut, eurent *from* avoir
eusse, eût, eussent *from* avoir
évidement *m* – recess, cavity
évocateur, -trice – evocative
exhiber – to exhibit, show off

fasse, fassent *from* faire
faudra, faudrait *from* falloir

ferroviaire *adj* – railway
feutré – muted, muffled
fis, fit, firent *from* faire
fixateur *m* – hair-lacquer
foc *m* – jib
folâtrer – to romp, frolic
formaliste – stiff, formal
fors – except for
fourgonnette *f* – van
francophone – French-speaking
frigidaire *m (coll)* – refrigerator
fronton *m* – pediment
fus, fut, furent; fût *from* être

galvaudé – tarnished
gargote *f* – cheap restaurant
gars *m (coll)* – fellow, lad
gaulois – of Gaul
gave *m* – torrent (in the Pyrenees)
geignard – whining
géode *f* – geode, druse
gisait; gisent *from* gésir
givré – covered with hoar-frost
glaive *m (lit)* – sword
glaneur, -euse – gleaner
glèbe *f (lit)* – soil, land
gloussement *m* – gurgle
godille *f* – stern oar
goguenard – bantering
gousset *m* – purse, fob-pocket
grillade *f* – grilled meat
grippe-sous – miserly, penny-pinching
grondeur, -euse – reproachful

habillage *m* – get-up, presentation
*haleur *m* – boat-tower

*hall *m* – entrance hall, reception hall (in public building)

*hardes *f pl* – old clothes

*havre *m* – harbour, haven

hectare *m* = 10,000 sq. metres, 2.47 acres

*hère *m* (pauvre . . .) – poor wretch

*heurt *m* – knock, bump

hivernant *m* – winter holiday-maker

homélie *f* – homily

homonyme *m* – namesake; homonym

*houleux, -euse – stormy

idolâtrer – to worship, idolize

illettré – illiterate

immigré – immigrant

immuable – fixed, unchanging

imprécation *f* – curse

impunément – with impunity

inavoué – unadmitted

incessible *(legal)* – intransferable, unassignable

incrusté – encrusted

infirmer *(legal)* – to annul, quash

infranchissable – impassable

irrévérencieux – irreverent, disrespectful

insidieux – insidious

insolite – unusual, unexpected

instaurer – to set up, establish

intempérie *f* – inclemency (of weather)

interlocuteur *m* – other party in a discussion

investissement *m* – investment

jacasser – to chatter, jabber

joaillier *m* – jeweller

kermesse *f* – village fête

khôl *m* – eye-shadow, kohl

lai *m* – lay

laïque – undenominational

lépreux, -euse – leprous

liesse *f* – joy, rejoicing

littéralement – literally

long-courrier – ocean-going

lorgnon *m* – pince-nez

luisant – glistening, shining

mâchonner – to mumble

magasinier *m* – storekeeper

majoration *f* – increase (in price, wages etc.)

majorer – to increase (price, wages etc.)

maléfique – evil, harmful

malfaisance *f* – evil, wickedness

malgache – Malagasy, of Madagascar

malingre – puny, weak

malmener – to maltreat, handle roughly

manoir *m* – manor-house

marasme *m* – stagnation (of business)

mégot *m (coll)* – cigarette-end

minier, -ière *adj* – mining

minuter – to schedule, draw up (timetables etc.)

mitonner – to simmer

mnémotechnique – mnemonic

momifier – to mumify

moto *f (motocyclette)* – motorbike

* aspirate h

185

nanti – equipped
nimber – to halo
nomination *f* – appointment

outrancier, -ière –
  exaggerated, excessive
outre-Manche – across the
  Channel
outre-mer – overseas

papillote *f* – hair-curler
parebrise *m* – windscreen
parbleu! – why of course!
paria *m* – social outcast, pariah
parodique – burlesque
patronat *m* – body of em-
  ployers
pester – to rage, go on (about
  something)
pétarader – backfire, splutter
  (of motors etc.)
pictural – of painting
piétinement *m* – treading,
  trampling
pinard *m (coll)* – wine
pirogue *f* – dugout (canoe)
poncif *m* – platitude, banality
potache *m (coll)* – schoolboy
pote *m (slang)* – mate, pal
prédication *f* – preaching
préfigurer – to foreshadow
processus *m* – process
progressiste – progressive (in
  politics, social affairs etc.)
purotin *m (coll)* – poverty-
  stricken person, pauper

quasiment – almost
queue leu leu (à la . . .) – one
  behind the other

racisme *m* – racial prejudice,
  racialism

raciste – racialist
rangement *m* – order,
  arrangement
rebattu – repeated, hackneyed
receler – to conceal, harbour
recouvrir – to cover, cover up
se recroqueviller – to curl up
se refermer – to close again
réglage *m* – adjustment (of
  machines etc.)
relent *m* – whiff, stale smell
rembrunir – to darken
renaître – to be reborn,
  reappear
rentabilité *f* – profitability
rentable – (commercially)
  worthwhile, profitable
rituel, -elle – ritual
ronchonner *(coll)* – to grumble
rôtisseur *m* – roast-meat cook
routier *m* – (long-distance)
  lorry driver

sache, sachez *from* savoir
sagouin *m (coll)* – louse
salubre – salubrious, healthy
salver – to fire a salvo, salute
scander – to scan
sérosité *f* – serous fluid,
  serosity
signifiant – meaningful
sois, soit, soient *from* être
soldatesque *f* – rabble of
  soldiers
souvins, souvint *from* souvenir
spartiate – Spartan
starter *m* – choke (of motor
  vehicles)
strier – to streak; to score,
  scratch
strophe *f* – verse, stanza
surchargé – overloaded

surexcité – overexcited

surpeuplé – overpopulated, crowded

teinter – to tinge, tint

terrien, -ienne – attached to the soil; landowning

terroir *m* – (rural) area; soil, land

tête-à-queue (faire un . . .) – to slew round

thermes *m pl* – (Greek or Roman) public baths

tint *from* tenir

tirailler – to pull at, pull about

toise *f* (*archaic*) = 6 foot

torve – menacing (of look)

travailliste – Labour (political party)

trimbaler – to lug about

triuration *f* – trituration, grinding to powder

tutélaire *adj* – guardian

vacancier, -ière – holiday-maker; *adj* holiday-making

va-et-vient *m* – to and fro motion

vallonnement *m* – dale

vaudou – voodoo

vaut *from* valoir

vécu *from* vivre

vénusien – of Venus

verglacé – icy (of roads etc.)

vétuste – decrepit

viennois – Viennese

vindicte (la . . . publique) – public condemnation

vint, vinrent *from* venir

vocable *m* – word

INDEX (authors and sources)

(numbers are those of *passages*)

188

INDEX (*subject matter*)

(numbers are those of *passages*)